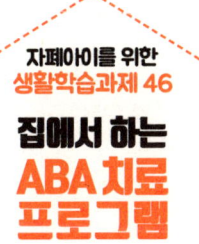

Kateide Murinaku Tanoshiku dekiru Seikatsu&Gakushuu Kadai 46
Copyright © by Masahiko Inoue, 2008
All rights reserved.

Korean translation copyright © 2018 Yeamoon Archive Co., Ltd.
First published in Japan 2008 by Gakken Kyouiku Shuppan Co., Ltd., Tokyo
This Korean edition was published by arrangement with Gakken Plus Co., Ltd.
through Shinwon Agency Co.

자폐아이를 위한
생활학습과제 46

# 집에서 하는
# ABA 치료
# 프로그램

이노우에 마사히코 지음 | 박미성 감수 | 민정윤 옮김

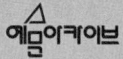
예듬아카이브

## 일러두기

- 국내 치료 현장에서 실제 사용하는 용어를 기재하였습니다. ABA(응용행동분석)를 처음 접하는 분에게는 다소 생소할 수 있지만, 실전 훈련에서의 혼란을 줄이기 위해 전문가가 사용하는 용어를 사용하였습니다.
- 호칭은 다음과 같이 통일하였습니다.

  **어른** — ABA 훈련을 실시하는 전문가 혹은 양육자(부모)

  **아이** — ABA 훈련을 받는 쪽

  **과제** — 아이가 ABA 프로그램을 통해 습득해야 하는 생활과 학습 스킬

  **교재** — 과제를 할 때 사용되는 재료(교구, 프린트물 등)

- '46가지 과제'는 아이가 생활하고 학습하는 데 꼭 필요한 스킬 위주로 선정된 것입니다.
- 과제들을 익히는 데 활용되는 ABA 프로그램을 누구나 읽고 지도할 수 있도록 되도록 쉽게 설명했습니다.
- ABA에 대해 아무런 지식이 없는 상태에서는 책의 내용을 바로 적용하기 어려울 수 있습니다. 가까운 ABA 센터를 찾아 조언과 도움을 구하면서 가정에서 병행하는 것이 가장 좋습니다.
- 아이가 주어진 과제를 성공하도록 돕는 ABA 프로그램은 '스몰스텝'을 기본으로 합니다. 스몰스텝은 과제를 아주 작게 나눠서 실행하는 것으로 스텝마다 아이가 성공 체험을 하고, 자연스럽게 과제를 습득하도록 돕습니다.

## 먼저 읽은 엄마의 추천평

- 이 책을 읽으니 처음 아이가 자폐 진단을 받고 ABA가 무엇인지도 모른 채 ABA 센터를 방문했을 때가 생각난다. 센터에서 치료사 선생님이 시범을 보여주면 알 것 같은데, 막상 집에 와서 시도해보면 잘 되지 않아 힘들었다. 이 책은 부모가 쉽게 접근할 수 있게 잘 설명되어 있고, 일상생활 속에 ABA를 접목시킬 수 있게 구성되어 있어 좋다. **- 김혜영**

- ABA는 치료사뿐 아니라 아이와 많은 시간을 보내는 부모도 같이 해야 한다는 걸 알지만 막상 시작하려니 어렵고 막막하게만 느껴졌다. 이 책은 시중에 나와 있는 책들보다 실생활에서 적용할 수 있는 내용이 많고 쉽게 구성되어 있어 술술 읽히고, 어떻게 실천해야 할지 바로 알 수 있다. 아이와 집에 있으면서 일상생활 속에 ABA를 녹여 매일 반복해주니 기술이 자연스럽게 습득된다. 자폐아이뿐 아니라 일반 아이들에게도 도움이 되는 좋은 내용이다. **- 주유진**

- 자폐 기질의 아이를 키우는 부모라면 ABA라는 행동치료기법을 한번쯤은 접하기 마련이다. 그러나 전문가 주도 하에 이루어지는 치료실 외에 가정이나 기관에서 ABA를 적용하기란 쉽지 않고, 부모 스스로가 이론을 바탕으로 응용하여 실천하는 것도 한계가 있었다. 하지만 이 실천서를 통해 아이에게 생활에서 적용할만한 자조기술이나 인지학습을 하는 방법론적인 면에서 많은 도움을 받을 수 있었다. 이론은 알지만 실전에서 막힌다면 꼭 추천하고 싶은 책이다. **- 고유라**

## 감수의 글

## 환경이 바뀌면 아이도 바뀝니다

　　　　　　　　십여 년 전만 해도 국내에서 ABA는 '행동 수정'과 같은 프로그램으로 알려져 있었고, 다른 영역의 치료사들에게조차 ABA는 강압적이라거나 먹을 것으로 아이를 가르치는 치료법이라는 오해를 받았습니다. 최근 몇 년 사이 ABA 치료에 대한 관심이 높아지면서 치료 기관이 늘어나고 다양한 관련 서적이 출간되고 있습니다. 그 시절부터 쭉 이 일을 하고 있는 제게 지금의 변화는 매우 기쁩니다. 그럼에도 많은 기관이 대도시에 집중되어 있고, 부담되는 수업료, 대기 명단에 올리고 기다려야 하는 등 ABA 기관을 이용하기란 쉽지 않습니다. 출간된 서적들도 대부분 전문가용이어서 가정에서 활용하기에는 어렵고 생소한 용어들과 절차들이 부모의 의지를 꺾어버립니다. 용기 내어 시작했으나 아이가 생각대로 안 따라주어 스스로 자책하며 포기한 경험을 가진 분도 많습니다.

　이 책은 제목 그대로 가정에서 쉽게 따라할 수 있도록 대인관계, 일상생활, 커뮤니케이션, 사회성, 운동, 인지 학습에 관한 과제 46가지를 자세한 설명과 간단한 삽화로 이해하기 쉽게 구성했습니다. 또한 각 프로그램을 진행할 때 범할 수 있는 오류에 대한 안내, 하나의 기술을 다양하게 확장하고 일반화시킬 수 있는 방법들도 상세하게 안내하고 있습니다. 특히 국내의 센터 대부분이 영유아 대상 프로그램을 제공하고 있어 초등학교 이상만 되어도 받을 수 있는 서비스가 제한되는데, 이 책에서는 각 프로그램의 목표를 정확하게 설명하고, 단기 목표뿐만 아니라 장기적인 활용 방법도 제시해주어 계속해서 도움이 될 것입니다.

ABA는 사회적으로 중요한 행동을 효율적으로 습득하거나 관리하기 위해 그 행동과 관련이 있는 환경을 분석하고, 적용하는 학문입니다. 아이를 둘러싼 환경의 가장 큰 부분은 가족입니다. 그동안 아이의 부족한 행동은 가르치고, 바람직하지 못한 행동은 감소시키기 위해 '아이의 행동'에만 집중했다면, 이제는 아이를 대하는 나의 태도, 아이를 둘러싼 주변 환경, 가족, 친척, 학교와 선생님, 친구들을 객관적으로 살피고, 그 환경을 먼저 바꿈으로써 자연스레 아이의 행동 변화를 도모할 때입니다. 모든 과제를 아이 스스로 통제할 수 있도록 스몰스텝으로 접근하여 스스로 학습하게 해봅시다. 책 내용을 참고하여 매일 10분씩이라도 가정에서 꾸준히 놀이처럼 활용하면 ABA 방식으로 아이를 바라보고, ABA 방식으로 생각하고, ABA 방식으로 문제를 해결하는 능력이 생길 것입니다.

부모교육을 통해 가정에서 직접 아이를 지도할 수 있게 알려드리면, 아이의 변화는 물론이고 부모는 물론 형제자매의 변화도 함께 발견할 수 있었습니다. 부모교육을 시작할 때 대부분의 엄마가 아이에게 칭찬하는 것을 어색해합니다. 칭찬할 일이 많지 않다고 말합니다. 처음부터 목표를 높게 설정하거나 아이에게 맞지 않는 방식으로 가르치기 때문이지요. 정확한 목표 설정, 아이에게 맞는 단계 설정, 촉구 방법, 강화 등을 사용하여 지도한다면, 목표에 도달한 아이도 발전하지만 그 모습이 부모 자신에게 강화제가 되고, 성취감과 새로운 목표에 대한 동기부여가 되는 경우를 많이 보아왔습니다.

책에 소개된 직접 지도할 때 잊기 쉬운 유의사항들을 유념하며 실행하길 당부합니다. 오늘도 가정에서 아이를 직접 지도하며 이 책을 참고하는 모든 부모를 응원합니다.

박미성(BCBA, 국제행동분석전문가)

**글을 시작하며**

## ABA를 통해
## 아이를 알아가는 과정을 즐기시길

　　　　　　응용행동분석(ABA)을 기초로 하는 자폐 치료 프로그램은 커뮤니케이션, 인지, 사회적 스킬, 문제행동에 대한 대응 같은 기본적인 생활을 위한 영역부터 부모나 훈련사를 위한 트레이닝까지 다양한 영역을 다루며, 여러 분야를 통합한 프로그램도 해외에서는 다수 시행되고 있습니다. 이런 프로그램들은 1960년대부터 축적된 수많은 연구 결과를 통해 커뮤니케이션 지도, 문제행동의 개선 등 자폐증 교육의 기초로 발전되어 왔습니다. 응용행동분석 프로그램 중 하나인 로바스 박사(O. Ivar Lovaas)의 '조기집중 행동중재(EIBI: Early Intensive Behavioral Intervention. 매일 집중적으로 몇 시간씩(주당 20~40시간) ABA에 따른 행동치료를 하는 것)'는 세계적으로 연구 성과를 인정받고 있습니다.

　하지만 일본에서는 응용행동분석이나 다른 분야의 프로그램을 좀처럼 찾을 수 없고, 이를 무료로 지원하는 공공기관도 많지 않은 형편입니다. 미국은 매년 열리는 행동분석학회에서 다양한 치료센터 부스를 열어 센터를 소개하거나 치료사 구인을 하고 있어 관심이 있다면 누구나 쉽게 정보를 구할 수 있습니다. 반면 일본에서는 응용행동분석을 기초로 하는 치료 서비스가 몇몇 대학이나 쓰미키 모임 등의 비영리 법인에서 제공하고 있을 뿐, 아직까지 필요에 비해 프로그램을 제공하는 센터나 기관이 많지 않습니다.

이런 상황이다 보니 자폐아이를 가정에서 지도하려고 해도 금세 벽에 부딪히거나 고민이 많다는 이야기를 자주 접했습니다. 본래 가정에서의 치료 프로그램은 적절한 조언을 해줄 전문가가 주변에 있을 때 행해야 하지만, 현실적으로 전문가의 도움을 받거나 치료를 병행하는 가정은 많지 않습니다. 저 역시 담당할 수 있는 상담자의 수나 횟수는 한계가 있고, 아무리 연구에 정진해도 제도를 바꾸기에는 여러 딜레마나 제약이 있습니다.

이런 상황을 발판삼아 본서에서는 보호자가 집에서 아이를 지도할 때 도움이 될 수 있도록 과제들과 실행 방법을 한데 모았습니다. 쉽게 따라 할 수 있도록 되도록 자세히 방법과 함께 그림으로 설명하고 있습니다. ABA 프로그램이 '아이를 치료하기 위해 하지 않으면 안 되는 트레이닝'이라는 선입견을 없애고, 가정에서 쉽고 재미있게 부모와 아이가 학습할 수 있었으면 하는 바람으로 집필하였습니다.

본서의 프로그램은 눈앞에 있는 아이에게 있는 그대로 적용하기 위한 것은 아닙니다. 한 아이 한 아이에 맞게 수정하고 개량해서 사용하는 것이 본래의 이용 방법입니다. 그러기 위해서는 부모가 응용행동분석의 지도 원리를 공부하고, 아이의 발달 상태를 알고, 아이의 흥미와 관심이 무엇인지 파악하는 것이 중요합니다. 프로그램대로 지도했는데도 아이가 과제를 할 수 없다면 아이에게 문제가 있는 것이 아니라 아이에 대한 연구가 잘 안 되었기 때문이라고 할 수 있습니다.

　본서의 PART 1에 ABA와 프로그램에 관한 기본적인 내용을 간단히 설명했지만, 필요에 따라 다른 도서도 참고하고 공부하는 것이 좋습니다.

　가정에서의 치료는 매일 조깅하는 것과 같습니다. 조깅을 할 때 시간을 재며 경쟁하는 사람은 없습니다. 매일 조금씩이라도 계속하는 것이 중요합니다. 아이와의 긍정적인 관계 속에서 목표 행동을 할 수 있느냐 할 수 없느냐가 아닌, 아이를 알아가는 것과 그 과정을 부모 자신의 페이스에 맞게 즐길 수 있기를 바랍니다.

　본서를 집필하는데 협력해주신 학교 수료생들과 칼럼 집필에 응해주신 보호자들께 진심으로 감사드립니다.

이노우에 마사히코

**목차**

감수의 글 _환경이 바뀌면 아이도 바뀝니다 • 8
글을 시작하며 _ABA를 통해 아이를 알아가는 과정을 즐기시길 • 11

**PART 1** 처음 시작하는 ABA,
먼저 알아야 할 것

### ABA 알아보기
ABA란 무엇인가 • 21

### ABA 핵심 파악하기
ABA 원리 이해하기 • 29
아이에게 칭찬 잘하기 • 35
효과적인 지도를 하려면 • 45

### 문제행동에 대처하기
과제를 하려고 하지 않는다면 • 63
짜증이나 문제행동에 대한 대응 • 71

## PART 2 가정에서 하는 ABA 프로그램

### 대인관계행동
**대인관계행동의 기초** • 81
- ① 신체놀이 • 84
- ② 물건 주고받기 • 89

### 생활
**생활 스킬** • 93
- ③ 배변훈련 • 96
- ④ 옷 갈아입기 • 101
- ⑤ 손 씻기 • 104
- ⑥ 세수하기 • 107
- ⑦ 양치하기 • 110
- ⑧ 목욕하기 • 113
- ⑨ 식사하기 • 116
- ⑩ 젓가락 사용하기 • 120
- ⑪ 정리정돈·청소 • 123
- ⑫ 요리하기 • 126
- ⑬ 물건 사기 • 129
- ⑭ 심부름하기 • 132
- ⑮ 금전 관리 • 134
- ⑯ 용돈기입장 관리 • 137

**ABA를 실천해봤더니 ①** 식사에 대한 어려움이 즐거움으로 • 140

## 커뮤니케이션

### 커뮤니케이션 스킬 • 143

- ⑰ 모방 • 149
- ⑱ 실물의 선택 요구 • 157
- ⑲ 사진·그림카드로 요구하기 • 160
- ⑳ 가족이나 친구의 이름 말하기 • 163
- ㉑ 학습을 통한 요구·보고 • 166
- ㉒ 네·아니요로 답하기 • 172
- ㉓ 질문에 대답하기 • 178
- ㉔ 메모 보고 실행에 옮기기 • 184
- ㉕ 감정의 이해와 표출 • 187

**ABA를 실천해봤더니 ②** 사진·그림카드로 아이의 감정에 다가서다 • 190

## 사회성

### 게임으로 배우는 사회성 • 195

- ㉖ 게임으로 배우는 규칙 이해 • 200
- ㉗ 가위바위보와 승패 이해 • 210
- ㉘ 주사위 놀이 • 215
- ㉙ 학교소꿉놀이 • 218

## 운동

### 운동 스킬 • 225

- ㉚ 점프, 밸런스 보드 • 228
- ㉛ 순환학습 운동 • 231
- ㉜ 캐치볼 • 236

㉝ 줄넘기 • 239

㉞ 가위로 오리기 • 242

ABA를 실천해봤더니 ③ 스몰스텝으로 어렵다는 의식을 극복 • 246

## 인지 · 학습

인지 · 학습 스킬 • 249

㉟ 분류 • 252

㊱ 카테고리 분류 • 255

㊲ 매칭하기 • 258

㊳ 상대 개념 • 262

㊴ 낙서하기 • 268

㊵ 덧쓰기 • 271

㊶ 따라 쓰기 • 274

㊷ 애너그램 • 277

㊸ 단어와 한글 읽기 • 280

㊹ 수 말하기, 수 세기 • 283

㊺ 수의 추출, 수 세는 방법, 서수 • 287

㊻ 돈 세기 • 290

ABA를 실천해봤더니 ④ 한 걸음씩 착실하게 힘이 붙도록 • 293

ABA를 실천해봤더니 ⑤ 아이가 이해할 수 있게 맞춰주는 지도가 중요 • 295

글을 마치며 _가정에서 치료를 잘 진행하기 위한 조언 • 298

옮긴이의 글 _중요한 것은 부모의 마음가짐, 부모와 아이 모두 즐겁게 • 304

참고문헌 • 310

ABA 주요 치료 지원단체 · 조직 • 311

# ABA PROGRAM

# PART 1

## 처음 시작하는 ABA, 먼저 알아야 할 것

# ABA 알아보기

ABA는 행동의 원인을 '그 사람을 둘러싼 환경'에서부터 찾습니다.
ABA 프로그램을 시작하기에 앞서
ABA가 무엇인지에 간단히 알아봅니다.

# ABA란 무엇인가

### 교육 프로그램의 ABA는
### 자동차의 '엔진'

ABA(Applied Behavior Analysis, 응용행동분석)는 미국의 심리학자 스키너(B.F. Skinner)에 의해서 창시·발전되어온 행동분석학의 한 분야입니다. 자폐스펙트럼장애(ASD, Autism Spectrum Disorder) 아동의 행동중재에 가장 효과적인 프로그램으로 알려져 있습니다. 흔히 ABA가 행동치료와 같은 의미로 받아들여지거나 특수교육의 특정 기법을 말한다고 생각하지만, 특정한 치료나 기법만을 표현하는 용어는 아닙니다. ABA에서는 개인은 물론이고 주위 환경에도 접근해 적절한 커뮤니케이션이나 행동을 성립시키는 것을 중시합니다.

ABA는 교육, 임상심리, 복지, 의료, 산업, 사회정책 등 폭넓은 분야에서 응용되어 성과를 보이고 있습니다. 지적장애나 자폐스펙트럼장애 아이의 교육이나 복지에 관한 연구 영역으로는 토큰 경제(token economy. 적절한 행동을 할 때마다 토큰을 주고 나중에 아이가 원하는 다른 물건과 교환할 수 있게 해주는 교육 방법), 사회적 스킬 지도, 자기결정, 자기관리, 커뮤니케이션 지도, 문제행동에 대한 기능 분석, 신변자립(단독 보행, 화장실 이용, 식사 등), 취업 보조, 개인생활지도, 부모 교육 등이 있습니다.

이러한 영역의 성과나 행동분석기법에 관한 원리나 기법은 TEACCH(Treatment and Education of Autistic and related Communication handicapped CHildren, 자폐성 장애아동 및 의사소통 장애아동을 대상으로 하는 구조화된 교육방식의 하나), Portage 등 미국에서 개발된 많은 교육 프로그램에 침투되어 있습니다. 교육 프로그램들을 다양한 제조사에서 만든 자동차들이라고 한다면 ABA는 자동차 엔진의 동작 원리를 연구하는 것이라고 말할 수 있습니다.

## ABA는
### 환경 조건을 살핀다

예를 들어 두통에 시달리는 환자가 내원하면, 의사는 원인을 파악하기 위해 머리에 외상은 없는지 내부에 종양이 있는지 검사하고, 이후 수술이나 약을 통해 치료함으로써 통증을 없앱니다.

자폐증은 뇌나 중추신경계의 기능장애가 원인이라고 알려져 있지만, 자폐증 특유의 질환 부위가 확실히 있는 것도 아니고, 뇌파나 CT, MRI 등의 검사로 이상이 검출되지 않는 경우가 대부분입니다. 때문에 자폐증은 외과적인 수술이나 약으로 치료할 수 없습니다. 현재 사용하는 약물 치료는 자폐증을 낫게 하는 약이 아니라 다동성(多動性)이나 충동성을 경감시키고 뇌전증(간질) 같은 발작을 컨트롤하기 위한 약입니다.

ABA에서는 질환 부위를 살피는 대신, 타깃이 되는 행동을 만들고 유지시킬 수 있는 환경을 조성합니다. 어떤 환자의 두통이 '학교에 간다'라는 조건에서 강해지고, 학교를 쉬면 줄어든다고 가정해봅시다. ABA에서는 그 사람에게 학교가 고통스럽게 느껴지지 않도록 환경과 조건을 조성해줍니다. 즉 쉬는 시간에 따로 있을 수 있는 장소 확보하기, 교실에 휴식 공간 만들기 등입니다. 단순히 부정적인 요인을 해소할 뿐만 아니라 즐거워질 수 있는 조건을 더 설정하여 두통을 줄여줍니다.

적절한 약물을 활용하여 개인적 요인을 개선할 수 있는 의학적인 접근법과 행동분석적인 환경요인 접근법이 함께 연계되면 큰 효과를 볼 수 있습니다.

## '행동'은 환경과의 상호작용의 결과다

행동분석학에서는 행동의 원인을 '환경'에서 찾

습니다. 우리는 배가 고프면 밥이나 간식을 먹습니다. 이에 대해 '배가 고프다고 생각했기 때문에 먹는다'고 하면 행동의 원인에 대해 잘 설명한 것처럼 보이죠. 하지만 이 설명은 '어째서 배가 고프다고 생각했을까'라는 새로운 의문을 만듭니다. 종래의 심리학에서는 위액 분비 등 생리적인 부분에서 그 원인을 찾아왔습니다. 하지만 이것 역시 '어째서 위액이 분비되는가?'라는 질문에 대답할 수 없습니다.

이 원인에 대해 행동분석학적으로 접근하면 '이전에 얼마나 먹었는가(섭취량), 먹은 시간과 경과한 시간, 운동량'과 같은 주된 원인을 찾게 됩니다. 즉 행동의 원인을 환경과의 상호작용으로부터 분석합니다.

그렇다고 해서 ABA가 생리적인 요인, 유전적인 요인, 더 나아가 '마음'이나 '인지'나 '의식'이라고 하는 것을 무시하거나 부정하는 것은 아닙니다. 우리는 '마음'이라고 부르는 것의 대부분을 '행동'으로 파악하고 생각합니다. 그리고 생각이나 감정을 나타내기 위해 관찰가능하고 조작가능한 환경 요인을 분석합니다. 이렇게 분석한 결과를 토대로 아이가 '기분'이나 '감정'을 이해할 수 있도록 돕는 것이죠. 생리적 요인, 즉 행동의 전제가 되는 신경전달물질의 분비나 중추신경계의 활동을 모조리 부정하는 것이 아니라 그러한 생리적인 반응도 환경에서 초래되는 산물이라고 이해하면서 원인이 되는 환경 요인을 분석합니다.

## ABA는 개개인에 맞춘 오리지널 프로그램이다

ABA를 기반으로 하는 프로그램은 한 사람 한 사람을 위한 오리지널, 말하자면 주문 제작 프로그램입니다. 아이의 장애 특성이나 처한 환경은 모두 다 다릅니다. PART 2에 소개한 프로그램을 기본으로 하되, 아이의 특성이나 환경에 맞게 재정비하여야 합니다.

우리 아이만의 주문 제작 프로그램을 만들기 위해서는, 우선 겪고 있는 문제를 해결하기 위한 구체적인 행동으로 바꾸고 나눠야 합니다. 그리고 현재 목표행동 달성도, 전체적인 발달 상태, 장애 정도, 좋아하는 것, 학습 상황, 지도자나 지도 환경 등의 정보를 수집해야 합니다.

예를 들어 '옷 갈아입기가 안 된다'는 문제가 있다고 합시다. 프로그램을 만들 때, '언제, 어떤 상황에서, 어떤 옷을 입지 못한다(혹은 벗지 못한다)' 식으로 나누어서 구체적인 분석을 합니다. '특히 밤에 목욕한 뒤 거실에서 잠옷을 입는 데 시간이 매우 오래 걸린다'는 식으로 말입니다. 그리고 프로그램의 효과를 알기 쉽게 하기 위해 옷을 갈아입는 데 걸리는 시간과 어른이 도와준 부분이 어떤 것인지 등을 며칠간 상세히 기록합니다. 이것을 '기초선(baseline)'이라고 부릅니다.

구체적인 행동을 기록하는 것은 ABA의 특징입니다. 행동을 기록하는 것은 실제로 효과가 있는가를 가늠할 수 있는 중요한 척도가 됩니다. 우리가 병이 났을 때 체온을 재는 것과 같습니다. 몸이 아파 입원했을 때 아무리 명의라도 체온이나 혈압 등을 재지 않고 갑자기 수술하지는 않는 것처럼 말이죠.

　매일 꼼꼼히 기록하기란 생각보다 힘들지만, 지도 방법이나 내용이 아이에게 맞는가를 측정하기 위해 매일의 기록은 꼭 필요하고 매우 중요합니다. 기록을 통해서 그 프로그램의 유효성을 다른 행동이나 사례에 적용하고 공유할 수도 있습니다.

　기록을 한 뒤 그 다음 단계에서는 가설을 세우고, 그에 맞는 여러 조건을 시험해봅니다. 행동은 환경적인 요인과 개인의 요인으로 인해 나타나는데 먼저 떠오르는 여러 요인들을 가설로 세웁니다.

　예를 들어 '잠옷으로 갈아입지 못한다'를 생각해봅시다. 아이가 잠옷으로 갈아입지 못하는 이유로는,

① 텔레비전에서 좋아하는 프로그램이 나오고 있어서 주의집중이 안 된다.
② 잠옷의 단추가 너무 작다.
③ 잠옷의 색이나 재질이 마음에 들지 않는다.
　와 같은 **환경 요인**이 있을 수 있습니다. 또한,
④ 손가락을 사용하는 운동 능력의 미성숙과 같은 **운동 발달 요인**이 있습니다. 또,
⑤ 우물쭈물하면서 엄마의 관심을 얻는다.
⑥ 자러 가기 싫다와 같은 **커뮤니케이션 요인**도 생각할 수 있겠지요.

　그 외에도 가설을 세우기 위한 평가 방법이 더 있지만, 여기서는 생략하겠습니다.

　이렇게 행동 요인에 대한 가설을 세운 뒤 가장 먼저 바꾸기 쉬운 것부

터 바꿔줍니다. ①의 가설에 따라 텔레비전에 주의를 뺏기지 않을 곳에서 옷을 갈아입게 하고, 옷을 입으면 텔레비전을 볼 수 있다고 했을 때 이 행동이 개선되는지 기록합니다. 텔레비전이 원인이었다면, 빨리 옷을 갈아입을수록 텔레비전을 볼 수 있게 되므로 동기 부여가 될 수 있겠죠.

이 방법으로 옷 입는 시간이 단축되면 다행이지만, 아무런 변화도 일어나지 않는다면 가설 ②에 맞춰 잠옷의 단추 구멍이나 단추를 크게 바꾸는 방법, ③에 맞춰 잠옷의 재질을 바꿔보는 방법을 시도합니다. 옷을 빨리 갈아입으면 보상으로 좋아하는 주스를 주는 것도 방법입니다.

이렇게 환경을 다양하게 바꿔보거나 단추를 채우는 기술 자체를 키울 수 있는 손가락을 이용한 소근육 운동을 시키는 등 변경한 모든 내용을 기록하면서 프로그램을 아이에게 맞춰갑니다. 이러한 과정을 통해 아이에 대한 이해도가 깊어질 것입니다.

ABA 프로그램은 장애의 종류나 유무를 따지지 않습니다. 행동분석기법의 원리도 똑같이 적용됩니다. 하지만 지도할 때는 한 사람 한 사람에게 맞는 프로그램을 제공합니다. ABA는 '개개인의 행동'을 분석의 단위로 봅니다. 따라서 '○○ 장애를 가진 아이를 위한 프로그램'이 아니라 '○○군(양)을 위한 프로그램'을 만들어 제공합니다.

또한 특정 지도자의 역량이나 아이와 지도자의 궁합 등 애매하게 평가되던 것을 구체적인 환경 설정 방법, 문제 제시 방법, 칭찬 방법 등으로 기록·분석해서 지도 기술을 다른 지도자와도 공유할 수 있습니다.

# ABA 핵심 파악하기

ABA의 기본적인 원리에 대해서 설명하고,
또 가정에서 ABA 프로그램을 잘 진행할 수 있는
핵심 포인트에 대해 설명합니다.

# ABA 원리 이해하기

## 강화와 약화

아이가 어떤 행동을 한 뒤 보상으로 좋아하는 활동이나 물건을 허락한다면 아이는 그 행동을 더 자주 하려고 합니다. 이것이 ABA에서 중요한 개념인 '강화(reinforcement)'입니다. 그리고 이때 제공되는 좋아하는 활동이나 물건을 '강화제(reinforcer)'라고 합니다.

반대로 아이의 어떤 행동 다음에 싫어하는 활동이나 물건을 제시하면 그 행동을 하는 빈도가 줄어들 것입니다. 이것을 '약화(punishment, 벌)'라고 하며 이때의 활동이나 물건을 '혐오제(punisher)'라고 부릅니다.

어떤 행동을 증가시키거나 강하게 하는 '강화'에는 두 가지 원리가 있습니다. 하나는 앞서 말한 '강화제의 제시', 또 하나는 '혐오제의 소거'입니다. 예를 들어, '숙제를 한다'라는 행동을 늘리고 싶다고 합시다. 이때 "숙제를 하면 화장실 청소는 안 해도 돼"라고 조건을 걸면 '화장실 청소'라는 활동, 즉 혐오제를 없애주므로 숙제를 하는 데 도움이 되겠죠. 이것이 혐오제를 소거함으로써 늘리고 싶은 활동을 강화시키는 방법입니다.

어떤 활동을 줄이거나 약하게 하는 '약화(벌)'에도 두 가지 원리가 있습니다. 강화제와 혐오제를 사용하되 '강화'와는 반대로 사용하는 것이죠. 즉, '강화제의 소거', 또 하나는 '혐오제의 제시'입니다. 예를 들어, '숙제를 하지 않고 놀러나간다'라는 행동에 대해 '용돈'이라는 강화제를 줄이는 방법, 또는 그 행동에 대해 '아빠의 꾸중'이라는 혐오제를 제시하는 원리입니다.

**그림 1** 행동분석기법의 네 가지 원리

| | |
|---|---|
| 행동을 늘리는 '강화' | 행동 다음에 강화제 제시<br>행동 다음에 혐오제 소거 |
| 행동을 줄이는 '약화(벌)' | 행동 다음에 혐오제 제시<br>행동 다음에 강화제 소거 |

우리의 일상생활에는 이렇게 행동을 늘리거나 줄이는 네 가지 원리가 녹아 있습니다. 네 가지 원리 중에서 아이의 입장에서 가장 좋은 방법은 바로 '강화제의 제시', 즉 칭찬이나 보상입니다. 모두 우리가 은연

중에 행하는 것들이지요. 이 원리를 알게 되면 부모는 양육할 때 혼내기만 한 것이 아닌지 돌아보게 되고, 아이의 부적절한 행동이 왜 없어지지 않는지를 알 수 있습니다.

아이의 행동을 긍정적으로 유도하기 위해서는 이 원리를 잘 사용할 수 있어야 합니다. 부모가 아이와의 관계를 다시 돌아볼 기회가 되기도 합니다.

## 행동의 강도를 정하는 요소
### ― 강화제, 혐오제

아이가 좋아하는 활동이나 물건은 대부분 '강화제'가 되고, 반대로 싫어하는 활동이나 물건은 '혐오제'가 되기 쉽습니다. 하지만 조건에 따라 강화제가 되기도 하고 혐오제가 되기도 합니다.

예를 들어, 추운 날에는 '코트'라는 물건이 '입다'라는 행동의 강화제가 될 수 있지만, 더운 날씨에 '코트'는 '입다'라는 행동의 혐오제가 될 수 있습니다. '간식'은 배고플 때는 강화제가 되지만, 배부를 때는 강화제가 되지 못합니다. 아무리 좋아하는 활동이어도 너무 많이 하면 지겨워질 수도 있습니다.

이렇듯 강화제가 절대적인 것이 아니라는 사실을 명심해야 합니다. 아이의 상태나 장소에 따라 변하는 것이기 때문에 '이 경우에는 어떤 것을 강화제로 사용하면 좋을까'를 늘 생각하면서 강화제 자체를 바꾸거나 강화제를 제시하는 조건에 변화를 주거나 스스로 강화제를 선택하게 하는 등 방법을 연구해야 합니다.

## ABC 분석

　　ABA는 행동(Behavior)을 생각할 때 그 행동 앞에 있었던 선행사건(Antecedent)과 행동 뒤에 나타나는 결과(Consequence)를 한 세트로 생각합니다. 이것을 세 단어의 앞 글자를 따서 'ABC 분석'이라고 부릅니다. ABC 분석을 하면 아이가 하는 행동의 의미를 찾을 수 있습니다.

　〈그림 2〉에서처럼 위와 아래 경우 모두 '이상한 소리를 낸다'는 행동을 합니다. 왜 그런 행동을 했는지 알고 싶다면 선행사건을 확인하십시오. 그러면 아이가 어떤 선행사건이 있었느냐에 따라 다른 의미로 소리를 낸다는 것을 알 수 있습니다. 위의 경우는 '혼자서 문제 푸는 것이 어렵다'이기 때문에 이상한 소리를 내는 행동은 '하기 싫어'라는 회피 기능을 가지고 있습니다. 아래 경우에서는 문제의 난이도와 관계없이 '여기 보세요'라는 관심을 요구하는 의미를 가지고 있습니다.

　ABC 분석을 통한 사고방식은 지도 방침을 생각할 때에도 도움이 됩니다. 예를 들어 문제를 풀다가 이상한 소리를 내는 행동을 바꾸기 위해 지도하는 경우입니다. 〈그림 3〉을 보면 행동을 바꾸기 위해 'A 선행사건'과 'C 결과'에 변화를 줍니다. 즉 'A 선행사건'에는 '문제의 난이도

**그림 2** 같은 행동이어도 그 기능(목적)이 다른 경우가 있다.

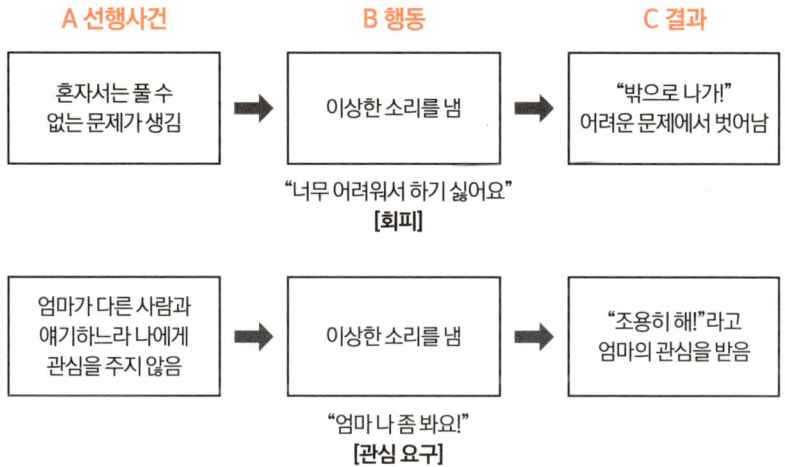

**그림 3** 선행사건(A)과 결과(C)에 변화를 주면 행동(B)도 바뀐다.

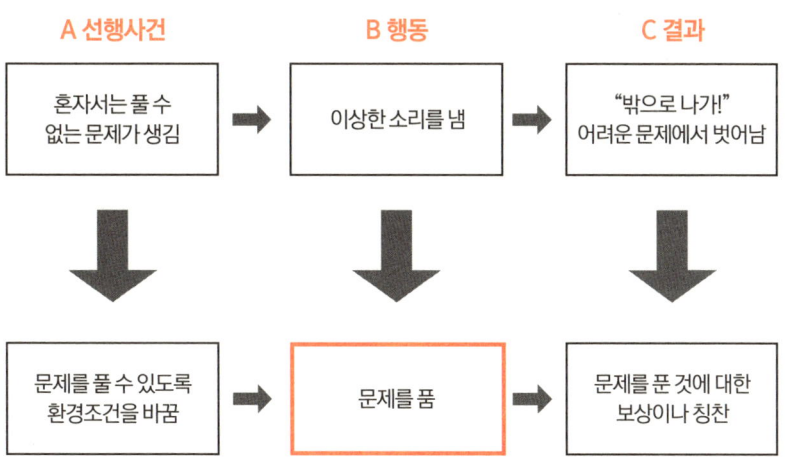

를 아이에게 맞춘다', '잘 풀다가 어려운 문제에 막히면 힌트를 준다'와 같이 이상한 소리를 내지 않아도 되는 환경으로 재정비합니다.

이처럼 어떻게 환경을 바꿔주느냐에 따라 보다 쉽게 '문제를 푼다'는 행동을 불러올 수 있습니다. 원하는 행동이 나타났을 때 "다 풀었구나"라고 인정하는 말을 해주고 칭찬하면 '문제를 푼다'는 행동 자체를 강화시킬 수 있습니다.

이렇듯 ABC 분석은 '문제를 푼다(B)'는 것을 목표로 해서 선행사건(A, 환경)을 재정비하여 원하는 행동을 불러일으키는 기반으로 삼고, 원하는 행동이 나왔을 때는 그 행동을 결과(C)로 키워나가는 방식입니다.

ABC 분석은 아이의 행동을 이해하거나 지도할 때 매우 유용한 도구입니다.

# 아이에게 칭찬 잘하기

## 좋아하는 것부터 찾기

교육자들은 아이를 칭찬하며 기르라고 말하지만 아이를 항상 칭찬하기란 결코 쉬운 일이 아닙니다. 특히 자폐아이의 경우 신체 감각이나 자극에 대한 과민성 때문에 칭찬하려고 머리를 쓰다듬는 동작이 그 아이에게는 불쾌한 자극이 되는 경우가 있습니다. 또 표정의 변화가 크지 않고, 감정을 읽기 어렵기 때문에 부모가 미소를 짓는 것만으로는 감정이 충분히 전달되지 못하는 상황이 벌어집니다. 칭찬받아 기쁜데도 그 기쁨을 표현하지 못하는 아이도 있습니다.

또 자폐스펙트럼장애의 특징 중에 '흥미에 관한 범위가 매우 좁거나 고집이 심함'이라는 부분이 있을 정도여서 뭔가 선물을 주거나 칭찬을 하려고 해도 다른 아이들이 좋아하는 캐릭터나 가게에서 파는 장난감에 아이가 관심을 보이지 않는 경우도 있습니다.

아이가 좋아할 만한 것을 발견하는 것이 어려울 수도 있지만, 이것이 아이를 이해하는 첫걸음입니다. 아이가 항상 하는 것이 무엇인지 생각해봅시다. 부모 입장에서 하지 않았으면 하는 행동이 아이에게는 좋아하는 활동인 경우도 많습니다. '좋아하는 상호작용 방식은?', '좋아하는 음식은?', '좋아하는 장소는?', '좋아하는 물건은?', '좋아하는 활동이나 놀이는?' 등 생각나는 대로 아이가 좋아할 만한 것들을 많이 나열해봅시다.

이 정보를 모아두면 아이와의 상호작용을 좋게 하고, 아이를 칭찬할 때 큰 도움이 됩니다. 어린이집 선생님이나 자원봉사자, 교사 등 부모 이외의 사람과 아이가 관계를 맺을 때 참고 자료가 되기도 합니다. 한눈에 볼 수 있게 정리해두었다가 주위의 도움이 필요할 때 자료로 활용하세요.

### 아이에게 전달이 잘 될 수 있는 칭찬법 생각하기

아이의 연령이나 성별, 장소에 적합한 칭찬을 하는 것도 매우 중요합니다. 예를 들어 성인이 다른 사람을 칭찬할 때 "참 잘했어요"라고 한다면 상대방은 '날 바보 취급하냐'면서 화를 낼지도 모릅니다.

말이나 표정만으로는 본인이 칭찬받고 있다는 것을 이해하지 못하는 아이도 있습니다. 그런 아이에게는 과하지 않은 선에서 악수를 하거나 안아주거나 약간의 간지럼을 태우는 식의 스킨십을 하는 것이 좋습니다.

아이가 목표 행동을 한 뒤에 같이 좋아하는 활동을 하는 것도 칭찬과 마찬가지의 효과가 있습니다. 사전에 목표 행동을 한 뒤 어떤 활동이 하고 싶은지 본인에게 그림카드 등으로 선택하게 하여 '자기 결정'의 요소를 추가하면 더 좋습니다.

또한 여러 사람 앞에서 칭찬받는 경우나 개인적으로 칭찬받을 때 등 상황이나 장소에 따라 칭찬하는 방법이 달라집니다. 예를 들어 여러 사람과 함께 있는 상황에서는 개별적으로 과장되게 칭찬하는 것이 부적절할 수도 있습니다. 티 나지 않게 본인에게만 전해질 수 있는 OK 사인을 미리 정해두는 것도 좋습니다.

### 칭찬하는 기준 낮추기
— 스몰스텝(Small step)으로 접근한다

아이에게 칭찬을 자주 하기가 어려운 원인 중 하나는 칭찬하는 기준이 높기 때문입니다. 기준이 높으면 아이는 지금까지 한 것보다 더 열심히 했어도 칭찬을 받지 못하기 때문에 모처럼 열심히 했던 행동마저도 유지할 수 없게 됩니다.

장난감을 어지럽히기만 하고 정리를 전혀 하지 않는 아이를 지도하는 경우를 예로 들어봅시다. 처음부터 혼자서 정리하게 하는 것이 아니라, 먼저 큰 상자를 준비하고, 어질러진 장난감을 아이가 부모 혹은 선생님의 손에 건네면 선생님이 상자에 정리하는 방식으로 환경을 설정해봅니다. 이것을 첫 번째 목표로 삼고 성공하면 칭찬을 많이 해줍니다.

그 다음 단계로는 상자와의 거리를 넓히거나 장난감을 스스로 상자에 넣게 하는 등 조금씩 단계를 높여서 최종적으로는 아이가 스스로 상자를 꺼내서 어질러져 있는 장난감을 상자에 넣고, 상자를 제자리에 돌려놓는 것을 목표로 단계를 만듭니다. 이렇게 단계별로 목표를 설정하는 것을 스몰스텝(small step)이라고 합니다.

발달을 단계로 표현하면 〈그림 4〉와 같이 됩니다. 어떤 높이에 이르기까지 3개의 계단을 올라갈 수 있는 아이가 있는 반면 5개의 계단을 올라갈 수 있는 아이, 또는 그 이상의 계단을 필요로 하는 아이가 있을 수 있습니다. 성공하는 경험을 쌓아 자신감을 갖게 하면서 아이가 목표달성

**그림 4** 아이에 따라 목표달성까지 밟아야 하는 단계가 다르다.

을 할 수 있도록 돕는 것이 중요합니다.

다만 한 번 성공했다고 해서 바로 다음 단계로 넘어가는 것은 섣부를 수 있습니다. 그 행동이 충분히 정착될 때까지 지켜보고 확인한 후에 조금씩 다음 단계로 넘어가도록 합니다. 이렇게 확인하는 기준을 '달성 기준'이라고 합니다. 예를 들어 테스트에서 항상 20점을 받던 아이가 열심히 노력해서 50점을 받았을 때 "참 잘했구나. 다음엔 80점을 받아보자"라고 기계적으로 목표를 30점이나 높여서 제시하면 아이의 의욕이 싹 사라질지도 모릅니다. 아이가 어느 정도 할 수 있을지 함께 생각해보면서 아이가 스스로 결정할 수 있도록 돕는 것이 좋습니다.

달성 기준은 아이마다, 상황마다 다릅니다. 예를 들어 취침 전에 옷을 갈아입을 때 '스스로 잠옷의 단추를 채운다'라는 목표를 10일 이상 성공하면 아침에 옷 갈아입을 때 잠옷보다 더 작은 단추가 있는 옷을 스스로 입어보게 하는 것처럼, 기준을 낮게 설정해서 충분히 성공을 경험하고 다음 단계로 넘어갈 수 있도록 궁리해야 합니다.

머리로는 알고 있지만 칭찬이 잘 안 나오고, 나도 모르게 혼내게 되는 경우도 많습니다. 이럴 때 자책하지 않아도 됩니다. '칭찬을 잘 한다'는 행동은 '감정적으로 혼내기'라는 행동에 비해 많은 에너지가 필요합니다. 상대를 침착하게 바라볼 수 있는 여유가 없다면 칭찬하는 것 자체가 어렵기 때문이지요. 내가 칭찬을 잘 못하고 있다고 생각되면 스스로를 되돌아보세요. 차분하고 침착해질 수 있는 다양한 방법을 시도해보거나, 가지고 있는 걱정거리나 고민을 친구나 혹은 부부끼리 서로 이야기 나누어보거나 가끔은 일상에서 벗어나 외출을 해보세요. 최소한 혼자서

차를 마시는 등 여유를 가질 수 있는 기회를 만들어봅시다.

## 강화의 원칙
### — 계속 강화와 간헐 강화

아이에게 칭찬을 잘하기 위해서는 몇 가지 요령이 필요합니다. 그 중 하나가 '계속 강화'입니다. 아이가 열심히 청소를 한 것에 대해 바로 칭찬하지 않고 일주일 뒤에 칭찬을 해줬다고 합시다. 아이는 무엇 때문에 칭찬을 받는지 의아해할 것입니다. 행동이 일어났을 때 바로 칭찬해주는 것을 계속 강화라고 합니다. 새로운 행동을 가르칠 때는 매번 그 행동을 보일 때마다 강화제를 제시하고 바로 칭찬해주어야 합니다.

목표 행동을 계속해서 성공하면 매번 칭찬하다가 자연스럽게 서서히 칭찬 횟수를 줄여주세요. 이렇게 가끔 칭찬해주는 것을 '간헐 강화'라고 합니다. 조금씩 계속 강화에서 간헐 강화로 이행(移行)하는 것은 목표 행동을 정착시키는 데 도움이 됩니다.

그런데 간헐 강화로 인해 잘못된 행동을 의도치 않게 강화시키는 경우가 있습니다. 예를 들어 '장난감 가게에서 장난감을 얻기 위해 울면서 소리치는 아이. 대개는 무시하지만 너무 시끄러우니까 장난감을 사주는 경우가 다섯 번 중 한 번 정도 있다'고 해봅시다. 부모 입장에서는 다섯 번 중 한 번밖에 안 되지만, 어찌 됐든 장난감을 사주기 때문에 '울면서 소리치기'라는 행동이 강화되어버립니다.

아이의 입장에서 보면 다섯 번 울면서 소리를 치면 한 번은 원하는 장난감을 얻을 수 있는 것이죠. 또 평소보다 더 크고 시끄럽게 울었을 때 장난감을 얻었다면, '울면서 소리치기'라는 행동을 더 강화하게 됩니다. 이렇게 우리는 일상생활에서 알게 모르게 간헐 강화를 하고 있습니다. 행동의 원리를 알아야 자신의 행동을 되돌아보고 개선할 수 있습니다.

### 계속 강화하는 직접 강화에서 토큰 경제로

말로 칭찬할 때가 아닌, 게임과 같은 좋아하는 활동을 강화제로 사용하는 경우에는 아이가 원하는 행동(목표 행동)을 했을 때 그 자리에서 바로 게임을 하기 어려운 상황인 경우도 있습니다. 수업 중인데도 계속 강화를 한다고 수업을 하다 말고 게임을 하게 할 수는 없지요. 이러한 상황에 대비할 수 있는 것이 바로 '토큰'입니다. '토큰'은 말하자면 강화제의 대체물입니다. 우리가 물건을 살 때 가게에서 포인트를 적립하는 것처럼 아이가 원하는 행동을 한 직후에 도장이나 스티커, 점수를 주는 형태입니다.

일정한 포인트가 적립되면 휴식시간이나 귀가 후 정해진 시간에 좋아하는 활동이나 물건과 교환할 수 있도록 합니다. 수를 셀 수 없는 아이여도 〈그림 5〉와 같은 카드를 사용하면 이 시스템을 이해할 수 있을 것입니다. 특정 활동을 좋아하는 정도에 따라 모아야 하는 토큰 수를 다르게 정하거나 여러 장의 토큰 카드를 아이 스스로 선택하게 하며 사용하는 것도 좋습니다.

토큰 경제를 이용하면 아이의 바람직하지 않은 행동을 줄일 수 있습니다. 이것은 '반응 대가(response cost)'라고 불리는 방법으로, 하면 안 되는 행동을 예를 들어 〈그림 6〉과 같은 방법으로 아이에게 사전에 전달하고, 그 행동을 했을 때 토큰을 뺏는 방법입니다.

반응 대가는 토큰을 주는 것만으로는 바람직하지 않은 행동이 감소하지 않을 경우에 사용합니다. 반응 대가를 사용할 때는 언성을 높이면서 혼내거나 감정적으로 아이를 대할 필요가 없습니다. 하면 안 되는 행동은 토큰을 뺏는 벌칙으로 충분히 이해시킬 수 있기 때문입니다. "친구를

**그림 5** 토큰경제 포인트 카드의 예

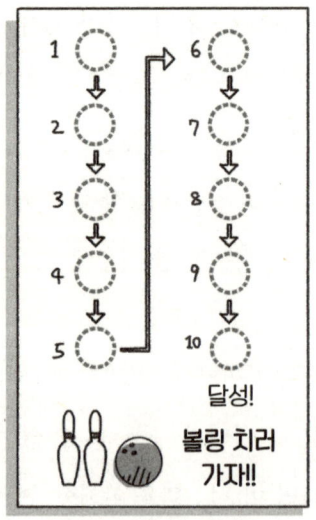 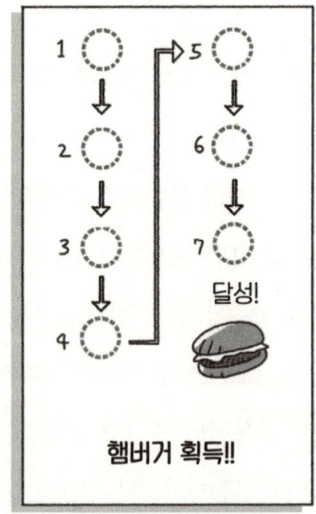

때렸구나. 감점 5점이네" 등의 표현으로 담담하게 말하면 됩니다.

### 금지시키는 것에서 끝내는 것이 아니라 해야 할 행동을 시각적으로 명시할 것

아이를 혼냈는데 잘 전달되지 않는 경우가 있습니다. 아이가 하면 안 되는 행동만 전달하기보다는, 대신해서 할 수 있는 행동을 같이 알려주는 방법이 좋습니다. 특히 자폐아이는 앞뒤 문맥이나 분위기를 잘 파악하지 못하므로 금지만 시키면 대체가능한 바람직한 행동으로 이어지기 어렵습니다.

그림 6 반응 대가를 설정할 때 하면 안 되는 행동을 미리 알려준다.

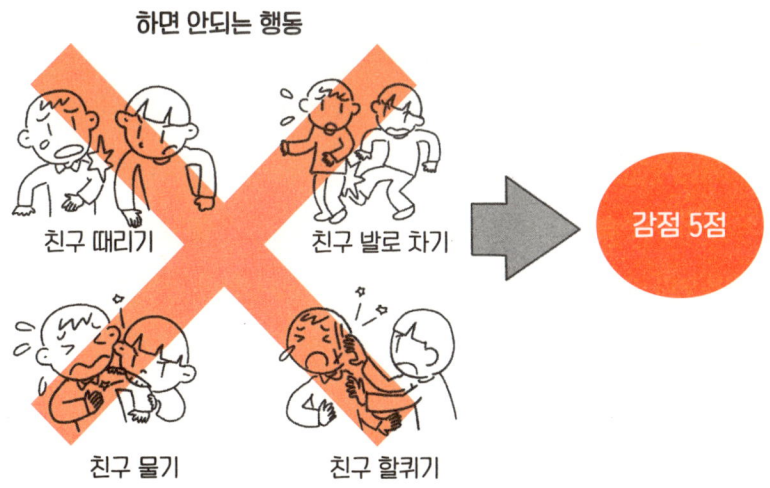

예를 들어 운동장에 〈이곳을 밟지 마세요〉라는 표지판이 있을 경우, 밟지는 않지만 바닥에 앉아서 흙장난을 할지도 모릅니다. 잘 보이게 선을 그어서 서야 할 위치를 명확히 표시하고 "표시된 곳으로 가세요"라고 지시하는 편이 더 잘 전달됩니다. 또 '제대로', '정확하게', '똑똑히' 등의 단어는 추상적이어서 아이에게는 이해하기 어려운 단어입니다. "선 밖으로 나오지 마세요"처럼 구체적으로 전달하는 것이 중요합니다.

'그럼 어떻게 할까?'가 '왜 이걸 하면 안 되는가?'보다 아이들에게는 더 이해하기 쉽고, 이해시키기도 쉽습니다. 언어나 추상적인 이해가 어려운 아이에게는 특히 '그럼 어떻게 할까?'라고 대안을 제시한 뒤에 '왜 이걸 하면 안 되는가?'라는 사회적인 규칙을 알려주도록 합시다.

또 아이가 짜증을 내거나 울면서 소리를 지를 때 부모가 큰소리로 혼을 내거나 설명을 해도 아이에게 전달되기는커녕 오히려 아이가 더 크게 흥분해버리는 경우가 있습니다. 이럴 때는 일단 아이가 차분해질 수 있는 장소로 데려가서 흥분을 가라앉힌 다음에 그림카드 등을 같이 사용해 이해하기 쉽게 설명해줍니다.

고통을 주거나 힘을 사용하여 억지로 행동을 가르치려는 것은 절대로 피해야 합니다. 아이들은 힘에 의한 통제를 받으면 '힘이 센 사람이 약한 사람의 의사를 억누르는 수단'으로 학습해버립니다. 그러면 이전에 부모나 교사로부터 당했던 것처럼 자신보다 힘이 약한 상대에게 힘이나 폭력으로 밀어붙이는 경향이 생길 수 있습니다. 아이들은 어른의 행동을 충실하게 모방합니다. 그렇기 때문에 체벌은 효과가 없습니다.

# 효과적인
# 지도를 하려면

## 풀리지 않는 문제가 무엇인지
## 알기 위한 '과제분석'

복잡한 행동을 보다 세세하게 구체적인 행동으로 나누는 것을 과제분석이라고 합니다. 일련의 행동을 세세하게 나누면 잘 보이지 않던 문제점들이 명확해지고, 해결하는 방법을 좁힐 수 있습니다.

과제분석에 정답은 따로 없습니다. 아이에 맞게 행동의 단계를 세세하게 나누거나 큼직하게 나누거나 하면서 얼마든지 조정할 수 있습니다.

어떤 아이에게 '몸 씻기'라는 행동에 대해 '①비누로 거품을 낸다, ②양팔을 씻는다, ③배를 씻는다, ④양발을 씻는다, ⑤등을 씻는다'와 같이 지도한다고 합시다. 하지만 다른 아이에게는 '①목욕타올을 집는다, ②목욕타올을 물에 적셨다가 짠다, ③비누를 집는다, ④목욕타올 위에 비누를 문지른다'라고 '비누로 거품을 낸다'는 부분을 더욱 세세하게 단계를 나눠 지도해야 할지도 모릅니다. 지도하는 중 어려움이 느껴지면 좀 더 세세하게 과제분석으로 수정해도 괜찮습니다. 과제분석은 그대로 기록용지(60페이지 참조)에 일주일에 한 번 정도 기록해서 지도 방법과 절차가 아이에게 맞는지를 확인하면서 진행합니다.

**그림 7** 과제분석의 예

### 양말 신기

| | |
|---|---|
| 1 | 양말 입구를 양손으로 잡는다. |
| 2 | 양말 입구를 벌린다. |
| 3 | 양말에 발을 넣고 발뒤꿈치까지 넣는다. |
| 4 | 발뒤꿈치부터 발목까지 양말을 끌어올린다. |
| 5 | 양말을 끝까지 올린다. |

### 바지 입기

| | |
|---|---|
| 1 | 바지의 앞뒤를 확인하고, 바지의 윗부분을 양손으로 잡는다. |
| 2 | 오른쪽 다리를 바지에 넣는다. |
| 3 | 왼쪽 다리를 바지에 넣는다. |
| 4 | 바지를 허리까지 올린다. |
| 5 | 바지 단추를 잠근다. |
| 6 | 지퍼를 올린다. |

**양치하기**

| 1 | 왼손으로 칫솔을 잡는다. |
|---|---|
| 2 | 오른손으로 치약을 잡는다. |
| 3 | 칫솔에 치약을 바른다. |
| 4 | 칫솔로 안쪽 치아를 10번 문지른다. |
| 5 | 칫솔로 앞니를 10번 문지른다. |
| 6 | 컵에 물을 따른다. |
| 7 | 입에 물을 머금고 10회 헹군다. |
| 8 | 입에서 물을 뱉는다. |

## 행동을 촉진시키기 위한 힌트 '촉구'

### • 촉구란 무엇인가

촉구(prompt)는 스스로 행동하도록 촉진시키기 위해 사용하는 환경적·인적 지원을 말합니다. 힌트나 도움 같은 것이라고 생각하면 됩니다. 촉구에는 자극 촉구(stimulus prompt)와 반응 촉구(response prompt)가 있습니다. 자극 촉구는 이제부터 할 활동을 그림이나 글로 보여주거나, 장난감을 정리하는 곳을 스티커로 알기 쉽게 붙이거나, 문장이 긴 문제를 풀 때 문제의 핵심 부분에 밑줄을 쳐주는 등의 환경적인 면의 도움입니다. 반응 촉구는 목소리나 몸짓, 시범 보여주기나 손을 잡고 가르쳐주는 것 등을 말합니다.

촉구는 의식하지 않아도 일상적으로 이미 하고 있는 것들입니다. 촉구를 하는 방식도 사람에 따라 차이가 있는데, 너무 많이 도와주려고 하면 오히려 학습 능률이나 자발성을 잃게 하는 경우도 적지 않습니다. 능숙하게 지도하려면 촉구의 종류와 제시법, 소거법을 잘 알아야 합니다.

### • 촉구의 종류

앞서 이야기했듯이 자극 촉구는 '시각적으로 알기 쉽게' 하는 것이 기본입니다. 손을 씻을 때 펌핑 비누를 한 번만 누르라고 해도 좀처럼 지키지 않는 아이가 있다고 합시다. 이럴 경우에는 비누를 펌핑하는 곳에 '1'이나 '한 번만'이라고 쓴 스티커를 붙여 자극 촉구를 줄 수 있습니다. 긴 문장보다는 아이에게 전달되기 쉽게, 짧게 하는 것이 기본입니다.

그림카드도 아이가 알기 쉽도록 고안해야 합니다. 그림카드는 추상적인 부분이 많아서 아이가 잘 이해하지 못할 경우도 있습니다. 예를 들어 '과자' 그림카드를 아이가 잘 이해하지 못할 때는 아이가 먹는 과자 상자를 카드 모양으로 오리거나 빈 상자를 그대로 카드처럼 사용합니다.

사진을 활용할 때 대상 물체와 배경이 함께 나오면 아이가 이해하기 어려울 수 있습니다. '자전거' 카드라면 사진 안에 자전거 외의 배경은 오려내는 것이 좋습니다. 예를 들어 자전거와 세발자전거가 함께 있는 사진을 보여주면 어른은 '자전거 사진'이라고 생각하지만 아이는 '세발자전거' 카드라고 인식할 수도 있습니다. 자폐나 지적장애가 있는 아이는 대상과 배경을 구별하는 것을 어려워하는 경우가 많기 때문입니다.

카드는 두꺼운 흰색 종이나 코팅된 것이 좋지만 아이가 카드 자체의 재질에 흥미를 갖게 되어 정작 그림에는 주목하지 못하고 카드로 놀려고 한다면 카드의 재질을 바꿔보세요.

반응 촉구도 '알기 쉽게' 하는 것이 기본입니다. 목소리에 의한 언어적 촉구(verbal prompt)에도 두 종류가 있습니다. 하나는 '간접언어촉구'라고 불리는 것으로 "해봐", "다음엔 뭘 할까?" 등과 같은 행동의 시발점을 촉진시키는 것입니다. 다른 하나는 '직접언어촉구'로 "칫솔을 들어", "치카치카 해"처럼 말로 구체적인 행동의 힌트를 주는 것입니다. 직접 촉구보다도 간접 촉구가 촉구의 강도가 약합니다. 또한 같은 몸짓에 의한 촉구여도 손가락으로 가리키는 촉구는 다른 몸짓으로 촉구하는 것보다 약합니다.

모델링은 그 자리에서 보여주는 '라이브 모델링'과 비디오로 보여주는 '비디오 모델링'이 있습니다. 비디오 모델링은 음식 조리 등 그 자리에서 직접 보여주기에는 시간이 걸린다거나, 직접 보여주면 중간에 끼어들어 자기 고집대로 하려는 아이인 경우에 적합합니다. 라이브 모델링은 시범을 제시하는 동안에 시범에 주목시키고, 잘 기다리며 볼 수 있도록 해야 하고, 비디오 모델링 또한 비디오를 알기 쉽고 주목하기 쉽도록 짧게 만드는 연구가 필요합니다. 일반적으로는 모델링이 언어적인 촉구보다 구체적이고 알기 쉬운 방법이지만, 일정시간 동안 주의력을 유지시키는 것이 어려운 아이들에게는 신체적 유도에 의한 촉구가 더 적합할 수 있습니다.

신체적 촉구(physical prompt)는 아이와 직접 접촉하는 것이므로 아이가 싫어하지 않도록 주의해야 합니다. 누군가가 자기를 만지는 것이 싫은 아이의 경우는 먼저 신체놀이(84페이지 참조)를 충분히 활용하여 만지는 것에 대한 혐오감을 없애야 합니다. 이동할 때 손을 당기는 식의 신체적 촉구보다 아이 뒤쪽에서 가야 할 방향을 손가락으로 가리키거나, 엉덩이 근처를 부드럽게 누르며 방향을 제시해주는 것이 혐오감이 낮고, 또 뒤에서 촉구하는 것이 나중에 소거하기에도 더 편리합니다. 신체적 촉구를 할 때 무의식적으로 몸을 안거나 손을 잡는 경우가 많습니다. 이는 좋지 않은 방법입니다. 촉구는 아이의 움직임을 끌어내기 위한 것이기 때문에 천천히 부드럽게 행동해야 한다는 것을 항상 명심하세요.

• **촉구를 잘 제시하는 방법**

촉구를 제시할 때는 단계적 증가법(least to most prompting)과 단계적 감소법(most to least prompting), 두 가지 방법이 있습니다.

단계적 증가법은 처음에는 촉구를 조금만 제시하고 잘 안 되면 서서히 힌트의 난이도를 높여 촉구를 제시하는 방식입니다. 예를 들어, 물건 사는 법을 지도할 때 상품을 들고서 아이가 가만히 서 있기만 한다면, 처음에는 "어떻게 할 거야?"라는 식의 간접언어촉구를 제시하고 조금 기다립니다. 그런데도 계속 서 있기만 한다면 "계산대로 가야지"라고 직접언어촉구를 제시하며 촉구를 추가합니다. 그렇게 해도 움직이지 않는다면 앞의 촉구에 더해 모델링이나 신체적 촉구 등을 추가적으로 제시하는 방법입니다. 촉구를 더하면서 성공했더라도 반드시 아이를 칭찬해줘야 합니다. 조금씩 발전시켜 처음에 제시한 촉구로도 목표 행동을 할 수 있도록 하는 것이 우리의 목표입니다.

단계적 감소법은 실패한 경험이 많거나 힌트가 없으면 하지 않으려는 아이에게 효과적입니다. 처음부터 신체적 촉구처럼 힌트의 난이도가 높은 촉구부터 사용하고, 성공하는 것이 정착되는 것 같으면 서서히 난이도가 낮은 촉구를 사용하는 방식입니다. 물건 사는 법을 예로 들면, 처음부터 신체적 촉구를 하여 계산대까지 같이 가서 성공하게 하고 칭찬합니다. 다섯 번 연속 자연스럽게 촉구해서 이동하는 것이 가능해지는 등 달성 기준에 도달하면, 촉구하는 거리를 조금씩 줄이고, 손가락과 언어촉구로만 실시해보고, 결국에는 아무런 촉구 없이도 자발적으로 할 수 있도록 하는 방법입니다.

단계적으로 증가시킬지 감소시킬지는 아이에 따라 다르기 때문에 해보면서 아이에게 맞는 방법을 선택합니다.

### • 촉구를 없애는 방법(prompt fading)

자극 촉구를 줄이는 방법의 예를 들면 그림카드 중에서 좋아하는 과자를 선택해 요구하게끔 지도할 때, 처음에는 과자상자 그대로를 그림카드로 사용했다면, 어느 정도 정착된 뒤에는 과자상자를 사진카드로 바꾸는 식입니다. 또 '~한다'와 '~하네' 같은 글자의 차이를 가르치기 위해 처음에는 글자의 끝부분을 두껍게 그리거나 색을 다르게 해서 강조하고, 서서히 글자의 두께를 같게 하고, 앞 글자와도 색을 맞추는 식으로 눈에 띄게 했던 자극을 점차 없애는 방법이 있습니다. 급하게 촉구를 바꾸고 줄여나가면 실패하므로, 변화를 기록해가면서 서서히 시도합니다.

촉구의 기본은 서서히 없애는 것이지만 스케줄이나 조리 레시피처럼 일상생활에 항상 두고 사용하는 것도 있습니다. 이것을 '영구촉구'라고 합니다. 우리와 똑같이 촉구 없이도 생활할 수 있는 것을 최종목표로 삼지 말고, 촉구가 있는 상태로 목표를 설정하는 것이 더 쉽게 성공할 수 있고, 효율적으로 지도를 이어나갈 수 있습니다. 무엇을 영구촉구로 할 것인가는 아이의 장애 특성에 따라 결정해주세요.

## 집중적으로 학습시키는 방법, DTT

DTT(Discrete Trial Training 불연속시행훈련)는, ABA 프로그램에서 사용되는 방법의 하나로, 단기간에 효율적으로 행동을 획득시키기 위한 학습 방법입니다.

DTT에서는 먼저 아이를 자리에 앉게 한 뒤 지도자에게 집중할 수 있도록 촉진합니다. 그 다음에 교재나 카드를 제시하여 알기 쉽게 지시합니다. 예를 들어 언어를 통한 색의 변별과제에서는 빨간색과 노란색의 카드를 사용하여 두 가지 색의 카드를 제시하고 '빨간색'이라고 말합니다.

"빨간색 카드를 한 장 줘" 같은 문장형 지시는 언어를 이해하기 힘든 아이에게는 난이도가 높습니다. 문장으로 지시할 경우 어떤 단어를 단서로 들어야 할지 어려워할 가능성이 있으니 간단히 말하도록 합니다.

지시가 끝나면 일정시간 기다립니다. 어느 정도 기다릴지는 과제에

**그림 8** DTT로 두 가지 색을 변별하는 과제의 플로우 차트

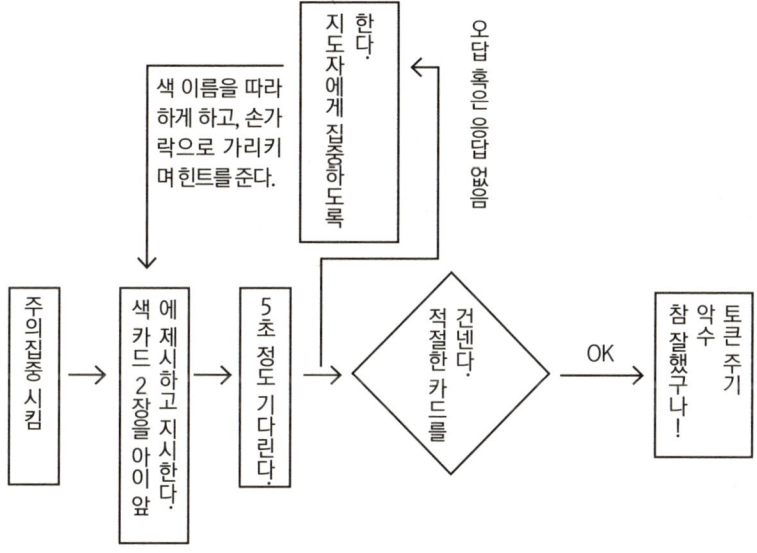

따라 다르게 정합니다. 아이의 응답은 '적절한 응답', '틀린 응답', '응답 없음'의 세 가지로 나눕니다. '적절한 응답'을 한 경우 응답에 피드백해주며 칭찬합니다. '틀린 응답'을 하면 오답이라는 것을 피드백한 뒤 적절한 응답을 할 수 있도록 촉구를 주거나, 정답을 가르쳐주고 재질문하여 적절하게 응답하면 칭찬해줍니다. 일정시간 기다렸는데도 반응이 없는 '응답 없음'의 경우도 적절한 응답을 할 수 있도록 촉구해주고 다시 한 번 기다립니다. 앞서 소개한 단계적 증가법을 사용해도 좋습니다.

DTT에서는 과제를 수행할 때의 순번이나 각 절차를 몇 회 시행할지를 사전에 정해둡니다. 자폐아이의 경우, 칭찬하는 사람이나 전혀 칭찬하지 않는 사람, 힌트를 많이 주는 사람이나 적게 주는 사람, 지시를 많

이 하는 사람 등 같은 과제여도 사람이나 방법이 달라지면 잘 학습되지 않을 뿐만 아니라 큰 스트레스가 되는 경우가 있습니다. 적절한 DTT를 이용하면 누가 지도하더라도 같은 학습 환경을 마련할 수 있습니다. DTT를 시행할 때는 〈그림 8〉과 같이 플로우차트를 만들어두면 누구나 절차를 쉽게 이해할 수 있습니다.

DTT는 새로운 행동을 효율적으로 만들어내는 공장 같은 역할을 합니다. DTT로 만들어진 새로운 행동을 일상생활에 사용할 수 있도록 하려면 다음에 소개할 일반화(一般化)의 절차를 넣을 필요가 있습니다.

### 일반화를 촉진시키기 위해서는

정도의 차이는 물론 있지만, 많은 자폐아이들이 고집이 세거나 변화에 대한 저항, 응용력에 어려움을 가지고 있습니다. 집 안에 있는 변기만 사용할 수 있거나, 학교에서는 먹는 음식인데 집에서는 못 먹는 경우(혹은 그 반대), 엄마가 없으면 잠을 잘 수 없거나 특정 건물이나 방에는 들어가려 하지 않는 경우 등이 있습니다. ABA에서는 일반적으로 새롭게 학습한 기술이 다른 장소나 상황, 다른 사람을 상대로도 할 수 있도록 하는 것을 일반화라고 하지만, 어떤 상황에서 학습한 것이 곧바로 여러 다양한 상황에서 일반화되기란 쉽지 않습니다. 일반화는 ABA에서만 문제가 되는 것이 아니라, 자폐와 관련된 다른 치료방법에서도 큰 과제로 남아있습니다.

ABA의 연구에서는 일반화의 문제를 극복하기 위해 1970년대부터 많은 연구논문이 발표되어 왔습니다. 그 중에서 몇 가지 요령을 소개합니다.

### • 다양한 장소나 사람과 연습하기

가장 집중하기 좋은 장소에서 혹은 기술을 획득하기 좋은 상황에서 획득했다면, 다음엔 같은 장소에서 사람만 바꾸는 '사람의 일반화'나 같은 사람으로 장소만 바꿔서 연습하는 '장소의 일반화' 등을 계획적으로 지도합니다. 한 번에 한 가지 원인만(예를 들어 사람만) 바꿔서 시행하는 것이 아이가 더 받아들이기 쉽습니다. 아이에 따라서는 두 가지 원인을 동시에 바꿔 연습하는 경우도 있습니다.

### • 여러 가지 물건으로 연습하기

예를 들어 요구하기를 지도하고 있는 경우, 한 가지의 요구 항목만 가지고 지도하는 것이 아니라, 좋아하는 물건이나 활동을 다섯 개 이상 준비해두고 무작위로 두 개씩 제시하며 선택하게 하게 하는 등 다양하게 준비해서 연습합니다. 또 색의 변별 등과 같은 과제에서는 처음에 한 가지 종류의 카드로 지도하다가, 어느 정도 달성 기준에 도달(획득)하면 다른 종류의 카드로 바꿔보거나 혹은 다른 크기의 카드 등을 가지고 연습하도록 합니다.

### • 다양한 예를 가르치기

예를 들어 수를 셀 때 항상 대상을 손가락으로 가리키며 세는 것에 그치지 않고, 주사위의 눈처럼 즉시 파악하여 수를 구별하던가, 잔돈을 셀 때는 단위별로 끊어서 세기, 움직이는 것을 세기 위해 카운터기를 누르며 세기 등 다양한 상황에서 숫자를 셀 수 있습니다. 이처럼 상황에 따른 다양한 방법으로 숫자를 셀 수 있도록 방법을 연구합니다.

### • 효과적인 시뮬레이션 훈련을 도입하기

사전연습을 하는 것도 효과적입니다. 예를 들어 슈퍼에서 물건 사기 등과 같은 과제는 집이나 교실에서 물건을 사는 소꿉놀이 연습을 하면 실전에서 자신감을 갖고 할 수 있겠죠. 하지만 실전에서는 큰 소리로 음악이 흐르기도 하고 시식코너 등이 있어서 그쪽에 관심이 생겨 정작 물건 사기가 잘 안 되는 경우가 있습니다. 시뮬레이션은 효과적이지만 시뮬레이션만 하는 것이 아니라 현장에서의 연습과 조화를 잘 이루어서 진행해야 할 필요가 있습니다.

### • 필요하다고 생각되는 장소에서 지도하기

직업훈련을 예로 들면, 전문기관에서 아무리 잘 가르쳐도 실제 현장에서는 작업하는 내용이 다르거나 어울리기 힘든 동료가 있거나, 직장에서 도움받기 힘든 상황이 생기는 등 다양한 갭이 생기기 마련입니다. 직장은 물론이고 가정이나 학교에서도 비슷한 경우가 있습니다. 어떤 기술을 가르치기 편한 곳에서 가르치고 또 그 기술을 필요로 하는 장소에서도 사용할 수 있도록 일반화시킬 것을 생각할 것이 아니라, 실제로 그 기술을 필요로 하는 현장에서 지도하는 것이 장소의 일반화를 생각하지 않아도 되고 주위의 이해를 얻기 쉬운 장점이 있습니다.

• **주위의 이해와 지원 얻기**

이전에 어떤 아이에게 전화로 도시락을 주문하는 기술을 가르친 적이 있습니다. 그 아이는 자신이 원하는 메뉴와 개수만 말하고 바로 전화를 끊어버렸습니다. 그래서 상대방의 반응까지 들은 후에 끊도록 지도해야겠다고 생각했습니다. 하지만 도시락가게의 점원에게 물어보니 메뉴와 수량만으로도 충분히 이해했다고 했습니다. 이렇게 주위의 이해나 지원을 받는 것이 가능하다면 복잡하고 어려운 기술을 오랫동안 연습하지 않아도 되므로 그 시간에 다른 학습을 할 수 있습니다.

• **환경 바꾸기**

주위의 작용뿐 아니라 물리적인 환경을 설정하는 것도 일반화를 촉진시킬 수 있습니다. 예를 들어 그림카드로 선택을 할 수 있는 환경을 설정하거나, 급식을 먹을 때는 주변이 신경 쓰이지 않는 장소로 자리를 이동하는 등 환경을 바꿈으로써 일반화를 촉진시키고, 장애에 의한 어려움을 없애는 것입니다.

## 약속과 자기통제

약속을 이해하거나 지키게끔 지도하는 것은 중요한 목표입니다. 하지만 일상생활에서 부모가 아이에게 하는 약속은 대부분 아이를 억제하는 것이고, 그것을 지켜도 아이의 입장에서는 그다지 득이라고 느껴지지 않는 것이 많습니다. 예를 들어 "엘리베이터에서 뛰면 안돼. 엄마랑 약속이다?"라고 한다면 아이는 지키고 싶지 않겠죠. 이렇게 억제하는 것을 약속으로 계속 정하면 아이는 '약속'이라는 단어를 듣기만 해도 도망가버릴지도 모릅니다.

약속은 시각적으로 명시하는 것이 좋습니다. 먼저 소개한 토큰 경제나 반응 대가를 사용해도 좋습니다(42페이지 참조). 학교에서 귀가한 뒤 매일 수학문제를 세 개만 푸는 연습부터 시작해 1~2주 뒤 세 문제 푸는 것에 익숙해지면 다섯 문제로 올리는 식으로 아이에게 맞게 스몰스텝 계획을 설정합니다.

약속을 지키고 자기통제를 기르게 하고 싶다면 간단히 지킬 수 있는 약속부터 시작해야 합니다. 약속을 지켰을 때 아이가 '약속을 지키니 정말 좋구나' 하고 생각할 만한 결과, 즉 충분한 강화제가 주어져야 합니다. 간단한 약속이어도 '지킨다'는 행동을 강화하는 것입니다. 그렇게 스몰스텝으로 난이도를 높여가면 됩니다.

약속을 할 때 금지만이 아닌 다른 적절한 행동을 알려주어야 바람직한 방향으로 행동을 유도할 수 있습니다. "엘리베이터에서는 놀지 않습니다. 놀이실에서 놉니다" 같은 식입니다.

## 기록하기

기록을 하는 것의 중요성은 앞에서도 이야기했습니다. 비전문가인 부모가 가정에서 지도하면서 꼼꼼히 기록하는 것은 사실 매우 어렵습니다. 기록하는 데 신경을 쓰다 보면 아이에게 반응하는 것이 소홀해지기 마련입니다. 기록이 매우 중요한 요소이기는 하지만 전문가나 교사가 하는 것처럼 세세한 기록이 아니어도 괜찮습니다.

다음 페이지의 〈그림 9〉는 가정에서 기록할 수 있는 기록용지의 예시입니다. 복잡한 행동은 과제분석표를 그대로 기록용지로 사용하면 좋습니다. DTT 등으로 한번에 여러 가지 지도를 하는 경우는 모든 학습이나 관련 사항을 기록해야 한다는 부담을 갖지 마세요. 잘 기억해뒀다가 과제가 끝난 뒤에 마지막 몇 번에 대해 기록해도 괜찮습니다. 또 80퍼센트 이상 성공하면 A, 반 정도 하면 B, 그 이하면 C 등의 기호로 분류하여 쓰는 것도 좋습니다.

**그림 9-1 화장실에 앉는 연습 기록용지**

| 날짜 | 8/10 | 8/11 | 8/12 | 8/13 |
|---|---|---|---|---|
| 손을 잡고 이끌어서 화장실로 이동한다. | ○ | ○ | ○ | ○ |
| 안으로 들어간다. | △ 조금 싫어함 | ○ | ○ | ○ |
| 바지와 팬티를 벗고 10을 셀 때까지 변기에 앉는다. | △ | △ | ○ 노래를 부르면서 했더니 잘했다. | ○ |

**그림 9-2 매칭연습 기록용지**

| 날짜 | 4/9 | 4/10 | 4/11 | 4/12 |
|---|---|---|---|---|
| 빨강과 노랑 | B | B | A | A |
| 초록과 노랑 | B | A | A | A |
| 초록과 빨강 | C | B | B | A |

각각의 조합에서 10회 중 8회 이상 성공 시 A
각각의 조합에서 10회 중 절반 성공 시 B
각각의 조합에서 10회 중 3회 이하 성공 시 C

# 문제행동에 대처하기

ABA 프로그램은 기록을 함으로써 아이의 행동을 분석합니다.
기록하는 방법은 아이의 부적절한 문제행동에 대한 대응으로
유용하게 활용할 수 있습니다.

# 과제를 하려고 하지 않는다면

• **먼저 이유를 알아봅시다**

상담하러 온 부모들은 과제 진행이 잘 안 되고, 아이가 거부하고 이탈해버리는 등의 어려움을 자주 호소합니다. 가정에서 지도하는 모습을 동영상으로 찍어온 것을 보면 혼내면서 억지로 자리에 앉게 하거나 화를 내는 분도 종종 있습니다. 이런 방법을 쓰면 어떻게든 과제는 시키더라도 학습에 대한 흥미나 관심, 자발성을 기를 수는 없습니다. 오히려 학습을 싫어하게 되고 강제적으로 하지 않으면 학습 자체를 거부하는 위험성이 있습니다.

제대로 과제를 하도록 시키는 것이 우리의 최종 목표가 아닙니다. 학습의 즐거움이나 학습을 통해 다른 사람과의 관계를 기르도록 하는 것이 과제학습의 전제가 되어야 합니다. 〈그림 10〉처럼 아이도 어른도 항상 긍정적인 상황에서 학습에 임할 수 있도록 환경과 수단을 점검해봅시다.

**그림 10** 환경 조정과 강화제를 제공해 학습과제가 유지될 수 있도록 한다.

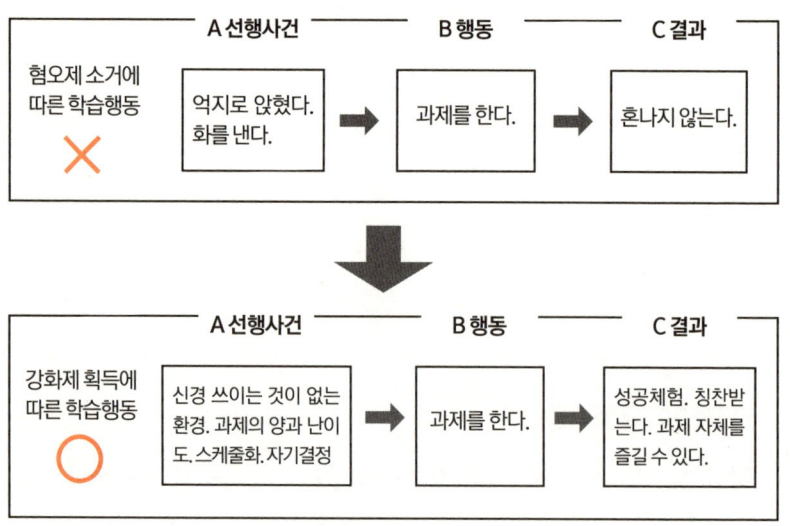

- **과제가 너무 길거나 많은 것은 아닌가**

주의집중을 지속하는 것이 힘든 아이도 있습니다. 이런 아이에게는 한번에 많은 양의 과제를 이어서 시키는 것이 아니라 약간 부족할 정도에서 멈추고, 3분이면 끝낼 수 있는 정도의 과제에도 쉬는 시간을 넣어 2, 3세트로 나눠 실시하는 방법이 좋습니다. 그렇게 시작해서 조금씩 집중하는 시간을 늘릴 수 있도록 합니다.

- **과제가 단조로워서 흥미를 잃는 것은 아닌가**

　같은 과제만 계속하면 지겹습니다. 쉽게 끝낼 수 있도록 과제의 양을 적게 하고, 여러 종류의 과제를 섞어가면서 합니다. 특히 매칭하기(258페이지 참조)나 물건이나 사람의 이름을 말하는 과제(163페이지 참조), 모방과제(149페이지 참조) 같은 DTT는 단조롭고 질리기 쉬우므로 강화제를 사용하거나, 퍼즐이나 그림 그리기처럼 움직임이 있는 과제를 지루한 과제의 앞뒤에 배치해 계획을 세우면 좋습니다.

　또한 '학습을 통한 요구·보고'(166페이지 참조)에서처럼 떨어진 장소에 카드를 놓고 지시를 듣고 가져오게 하거나, 장난감 마이크를 향해 대답하게 하는 등의 게임과 같은 요소를 넣는 것도 좋습니다.

- **과제가 너무 어려운 것은 아닌가**

　실패하는 경험이 쌓일수록 회피행동이 생기기 쉽습니다. 과제의 난이도를 낮춰서 시도하고, 달성기준을 만들어 확실하게 마스터한 뒤에 단계를 올릴 수 있도록 계획을 세웁니다.

　예를 들어, 같은 것끼리 매칭하는 과제를 충분히 달성하지 못했는데 다른 매칭과제를 시키거나, 동작모방이 충분하지 않고 낼 수 있는 소리도 적은 아이에게 음성모방을 시도하려고 하는 식으로 전단계의 기술이 아직 부족한데 다음 단계로 성급하게 넘어가려는 경우가 있습니다. 부모로서는 빨리 진행하고 싶겠지만, 이럴 때는 다시 기초로 돌아가야 합니다. 아이가 어떻게 해도 싫어하는 경우는 그 과제를 짧게 하거나 일단 정지하는 방법도 있습니다.

- **과제의 시작과 끝을 명확하게 하고 있는가**

예측성을 높이는 것은 아이의 불안함을 줄이는 효과가 있습니다. 과제를 시작하기 전에 어떤 것을 어느 정도 하는지, 어떤 식으로 하면 끝이 나는지를 스케줄표로 만들어 아이가 시각적으로 알 수 있도록 하면 좋겠죠. 글자를 읽는 아이에게는 글자로, 사진이나 그림으로 아는 아이에게는 사진이나 그림을 사용합니다. 실제 사용하는 교재나 인쇄물을 보여주는 것도 효과적입니다.

스케줄 중에서 한두 가지를 자신이 하고 싶은 과제로 고를 수 있게 하는 것도 좋겠죠. 앞서 이야기한 토큰경제 카드를 사용하면 앞으로 얼마나 더 하면 끝나는지 예측하기 쉽습니다.

- **과제를 선택하게 하는가**

항상 주어진 과제를 실행하게 하는 것이 아니라 무엇을 얼마나 할지를 스스로 정하게 하는 것도 자기조절능력을 기르는 의미에서 중요합니다. 선택지를 제시하고 그 중에서 고르도록 하면 좋습니다.

- **근처에 주의를 뺏길 만한 것이 있는 것은 아닌가**

주의집중이 힘든 아이도 많습니다. 책상 위에 학습과 관계없는 것이 있는지, 손이 닿는 곳에 신경 쓰이는 것이 있는지 점검해봅시다. 어떻게 해도 주의를 뺏길 만한 것이 눈에 들어오는 경우는 책상 위에 ㄷ자 모양의 가림막을 세우는 것도 효과적입니다.

- **차분한 기분으로 시작했는가**

  학습 전의 기분은 너무 좋아도 너무 나빠도 좋지 않습니다. 수면이 부족하거나 컨디션이 좋지 않을 때는 먼저 컨디션을 회복하는 것을 우선으로 합니다. 긴장감이 높을 때는 긴장감을 낮출 수 있는 활동, 예를 들어 손끝을 사용해 집중할 수 있는 작업을 시작 전에 합니다.

- **주의집중을 한 뒤에 지시했는가**

  주의집중을 하지 않고 있는데 지시를 하면 아이의 귀에는 들리지 않습니다. "자, 시작해볼까?", "힘내자. 시작한다!" 하며 말을 걸거나 하이파이브를 해서 주의집중을 시킨 뒤 지시를 합니다. 교재를 제시하는 타이밍도 중요합니다. 지시하기 전에 교재를 먼저 내밀면 교재를 만지느라 지시를 듣지 못하는 경우도 있습니다. 그럴 때는 지시를 먼저 한 뒤에 교재를 제시하도록 합니다. 지시를 따라하게 하고 시작하는 것도 방법입니다.

  아이의 머리를 잡고 억지로 앞을 보게 하는 것은 좋지 않습니다. 학습이 싫어지지 않도록 주의를 기울이고 자발적으로 주의집중을 할 수 있도록 연구해야 합니다.

- **지시를 짧은 말로 알기 쉽게 하고 있는가**

  DTT를 설명할 때 이야기했지만 긴 문장으로 지시를 하거나 과제를 하는 동안 계속 아이에게 말을 거는 습관이 있는 사람이 있는데, 이는 아이의 혼란을 가중시킵니다. 지시는 짧게, 경우에 따라서는 시각적인 촉구를 함께 사용하여 지시합니다.

• 교재는 알기 쉬운가

　교재 자체가 이탈의 대상이 되는 경우도 있습니다. 색상, 스티커, 커버가 벗겨지거나 찢어진 것은 아이에게 굉장히 신경 쓰이는 요소입니다. 미리 새 것으로 바꿔 놓아야 합니다. 또한 좋아하는 캐릭터가 들어간 교재를 사용할 때 캐릭터에 대한 흥미가 과제에 대한 흥미보다 높으면 과제 진행이 어려울 수 있습니다. 교재는 있는 그대로 사용하기보다는 아이에 맞게 고쳐 사용하도록 합니다. 비슷한 또래를 둔 부모끼리 정보 교환을 하는 것도 좋습니다.

• 촉구는 아이가 이해할 수 있도록 하고 있는가

　촉구를 하더라도 아이가 그것을 이해하지 못하면 의미가 없습니다. 예를 들어 언어를 잘 이해하지 못하는 아이에게 언어적인 촉구를 해도 의미가 없습니다. 또 신체 접촉을 싫어하는 아이에게 신체적 촉구를 하려고 하면 아이가 싫어하기만 할 뿐입니다. 어떤 촉구가 효과적일지는 아이 한 명 한 명에 따라 모두 다릅니다. 그 아이에게 맞는 촉구의 우선순위를 생각해둡시다.

• 촉구의 타이밍이 너무 이르거나 너무 늦은 것은 아닌가

　촉구의 타이밍이 너무 빠르면 힌트에 의존하게 되고, 반대로 너무 늦으면 실패 경험을 하게 되어 이탈하기 쉽습니다. 아이 각각의 특성과 과

제의 난이도를 조합하여 촉구를 주는 적절한 타이밍을 고려해야 합니다.

- **촉구에 의한 성공에도 칭찬하고 있는가**

촉구에 의해 과제를 성공했더라도 반드시 칭찬합니다. 촉구 없이 성공했을 때만큼 강하게 칭찬해주지는 않더라도 수정하는 방법을 받아들인 것이기 때문에 칭찬받아 마땅합니다. 자폐아이 중에는 누군가가 수정해주는 것에 대해 강한 저항을 느끼는 아이도 있습니다. 그런 아이에게는 오류를 범하기 전에 촉구를 주거나, 수정하는 그 자체를 스몰스텝으로 실시하도록 합니다. 예를 들어 틀린 글자를 지우개로 지우는 것을 힘들어하는 아이에게는 지우게 하는 대신 새로운 종이를 건네거나, 처음에는 어른이 지워주는 식으로 스텝을 하나 더 늘려서 계획하며 진행합니다.

- **성공한 뒤에 칭찬하는가, 칭찬이 강화제가 되고 있는가**

과제를 성공했는데도 칭찬 없이 바로 다음 과제로 진행된다면, 아이는 하면 할수록 과제가 늘어난다는 느낌을 받습니다. 아이가 칭찬받고 기쁜 감정을 느끼는 것, 성공의 감정을 공유하는 것은 과제 달성 이상으로 중요한 일입니다. 앞서 이야기했듯이, 부모가 칭찬했다고 하는 행동이 정작 아이에게는 강화제로 작용하지 않는 경우도 있습니다. 강화가 될 수 있는 강화제가 무엇인지 생각하고, 아이 스스로 선택하게 하는 등의 연구를 해야 합니다.

• 이탈 행동에 대해 주의를 주는 것이 오히려 강화제가 되는 것은 아닌가

화를 내거나 놀라거나 하는 타인의 부정적인 감정 반응이 자폐아이에게 강화제가 되어버리는 일이 종종 있습니다. 남들의 반응이 오히려 이탈이나 부적절한 행동을 강화하는 것입니다. 이런 경우에는 이탈 행동을 하지 않을 때 충분히 아이에게 관심을 주고, 이탈하지 않도록 환경을 재정비하며, 이탈하더라도 과도하게 관심을 주지 않고 아무렇지 않은 듯이 대응합니다. 자리에 돌아오면 자리에 돌아온 것에 대해 충분히 칭찬해주는 대응법이 효과적입니다.

이상, 과제가 잘 진행되지 않을 때 생각해볼 수 있는 환경을 예로 들어가며 설명하였습니다. 반복적으로 말하지만 과제를 달성하는 것만이 목표가 되어서는 안 됩니다. 과제를 달성하는 과정에서 타인의 목소리에 귀를 기울이고, 타인의 도움을 수용하고, 공감하고, 성공하는 체험을 나누는 것이 중요하고 소중한 것입니다.

또 과제 중에 아이의 혼잣말, 몸을 흔드는 행동, 반향어(같은 말 따라 하기), 자세가 신경 쓰이는 분도 있을 것입니다. 아이가 집착하는 작은 행동이나 습관에 어른이 구애받기보다는 앞서 강조한 과제를 하면서 일어나는 상호작용을 중시하는 것이 더 좋습니다. 이것저것을 동시에 완벽하게 하도록 하는 것보다 다소 소리를 내더라도 즐기면서 과제를 하는 것이 우선순위가 높다고 판단되기 때문입니다.

부모와 아이가 즐겁게 가정에서 학습할 수 있도록 다양하게 궁리하고 아이디어를 생각해보시기 바랍니다.

# 짜증이나 문제행동에 대한 대응

본서는 가정에서 할 수 있는 과제학습의 해설을 중심으로 하고 있지만, 다른 생활환경에서도 문제행동은 언제나 일어날 수 있습니다. 문제행동에 대한 기본적인 대응과 각오에 대해 이야기하겠습니다.

### • 행동을 구체화한다

문제행동이 추상적이면 적절한 대응이나 기록을 할 수가 없습니다. 그러므로 문제행동을 가능한 한 구체적으로 기술합니다. 예를 들어 '패닉'이라고만 하면 갑자기 뛰어나가는 건지, 기성을 지르는 것인지, 머리를 때리는 것인지 알 수 없습니다. 문제행동에 대한 기록을 아무것도 모르는 사람이 보더라도 이해할 수 있을 정도로 구체적으로 써야 합니다.

- **문제행동을 기록한다**

　기록은 문제행동에 대응할 때 중요합니다. 〈그림 11〉과 같은 ABC 분석 형식으로 언제, 무엇을 할 때 생기고, 어떤 결과가 되었는지를 기록합니다. 기록을 통해 어떤 것이 계기가 되어서 문제행동이 생겼고, 어떤 결과에 의해 강화되었는지 추측할 수 있습니다.

**그림 11** 행동을 기록함으로써 원인과 대응책이 명확해진다.

### 행동 기록

날짜: 2018년 4월 15일

| 시간 | A 선행사건 | B 행동 | C 결과 |
|---|---|---|---|
| 8:00 | 옷 갈아입는 것이 느려서 주의를 주고 재촉했다. | 머리를 때린다. | 늦을 것 같아 옷을 입혀 줬다. |
| 8:20 | 자동차 문을 부모가 열었다. | 머리를 때리고, 소리를 지른다. | 자동차 키를 줘서 스스로 열게 하니 멈췄다. |

- **문제행동이 일어나지 않도록 사전에 준비한다**

　기록하는 과정을 통해 문제행동이 무엇을 계기로, 언제 일어나기 쉬운가를 알면, 파악이 되므로 대응하기 쉬워집니다. 또한 아이의 행동을 조금 더 차분히 관찰할 수 있게 될 것입니다.

　문제행동에 대한 대응으로 가장 중요한 것은 문제행동을 일으키지 않아도 되도록 사전에 준비를 하는 것입니다. 놀기 위해 데리고 나간 곳이 아이가 생각했던 장소와 달라서 아이가 소리를 지르며 난폭하게 군다면, 사전에 사진카드로 행선지를 미리 알려주거나, 본인이 갈 곳을 고를 수 있도록 여러 장소의 사진카드 중에 선택하게 하는 등의 수단을 생각해볼 수 있습니다.

뭘 해야 할지 모를 때나 심심할 때 문제행동이 일어난다면 스케줄표를 만들어서 해야 할 활동을 알려주거나 <u>스스로</u> 선택하도록 하면 효과적입니다. 활동하고 있을 때나 식사 중에 들린 어떤 소리 때문에 자해를 하거나 타인에게 해를 끼치는 일이 생겼을 때는 자리를 바꾸거나 가림막을 사용하거나, 아예 방을 바꾸는 방법도 생각해볼 수 있겠습니다.

### • 문제행동이 일어나지 않을 때 칭찬한다

문제행동에 대해 고민을 하다 보면 문제행동에만 신경 쓰기 마련입니다. 하지만 아이가 항상 문제행동을 일으키는 것은 아닙니다. '문제행동을 일으키지 않을 때를 주목해 칭찬하기'가 오늘부터 바로 할 수 있는 방법입니다. 예를 들어 음식을 흘리지 않고 먹을 때, 자연스럽게 옷을 갈아입고 있을 때, 쓰레기를 쓰레기통에 넣었을 때처럼 아이의 티 나지 않는 노력에 주목합시다. 문제행동의 원인이 관심받기 위한 것이라면 이 방법은 특히 더 효과적입니다.

### • 문제행동을 대체할 수 있는 적절한 행동을 가르친다

예를 들어 물놀이가 하고 싶어 욕조에 들어가려는데 금지 당할 경우 아이가 머리를 치는 자해행동을 한다고 합시다. 이런 경우에는 자해행동을 했기 때문에 물놀이를 허용하지 않도록 해야 합니다. 자해행동이 물놀이를 허용하게 하는 것으로 강화되기 때문입니다. 대신 간단하고 금방 할 수 있는 심부름을 끝내면 물놀이를 일정시간 허가하는 방법 등을 생각해볼 수 있습니다. 또 물놀이 외의 개인활동을 할 수 있게 허락하거나 개인시간을 보내는 방법을 연습하는 것도 장기적으로 효과적입니다.

문제행동을 억제하려고만 해서는 일일이 대응하기 어렵습니다. 어떤 바람직한 행동으로 바꿀지는 아이가 달성하기 쉬운 행동을 우선하여 생각합니다. 또 문제행동 대신 바람직한 행동을 하면 칭찬해주거나 아이의 요구를 들어주어 좋은 행동을 강화하고, 부적절한 행동에는 대응하지 않도록 합니다. 행동을 바꾸는 과정에서 이런 일관된 부모의 태도는 매우 중요합니다.

- **개인시간을 보내는 방법이나 자기통제를 가르친다**

혼자서 개인시간을 보내는 것은 성인이 될수록 중요한 스킬입니다. 같은 그림이나 특수문자, 계산식을 노트에 적거나 DVD로 같은 장면을 돌려보거나 하는 것은 어른이 보기에 고집을 피우거나 얼핏 의미가 없는 행동으로 보이기 쉬운데 정작 본인에게 있어서는 침착해질 수 있는 행동이거나 본인만의 소중한 휴식 방법일 수 있습니다. 아이의 개인시간을 인정해주고, 그 시간에 혼자 할 수 있는 활동을 늘리는 것은 가정에서의 장기적인 과제 중 하나입니다.

관심을 받거나 요구하기 위해 문제행동을 보이는 경우, 대체할 수 있는 바람직한 행동을 자발적으로 했더라도 항상 그것을 즉시 들어줄 수는 없습니다. 한밤중에 놀이공원에 가고 싶다는 요구를 들어줄 수 없고,

안아달라고 해도 무거워서 안아주지 못하는 경우도 있습니다. 요구가 지금 당장 충족되지 않더라도 토큰 등을 사용해서 자기통제를 할 수 있는 힘을 기르게 하는 것도 중요합니다. 강화제를 바로 주는 것이 아니라 달력 같은 곳에 며칠 뒤에 예정된 즐거운 활동을 표시해두고 그것을 목표로 열심히 하도록 격려합니다.

- **강한 짜증을 보일 때 침착하게 행동한다**

문제행동이 일어나지 않도록 먼저 환경을 정비하는 것이 기본입니다. 하지만 여러 방법으로 시도했는데도 아이가 강하게 짜증을 내는 경우가 있습니다. 짜증을 내는 동안 아이의 신체는 긴장하고, 감각은 보다 예민해집니다. 이럴 때 부모가 감정적으로 행동하면 아이를 더 흥분하게 만들 수 있습니다.

아이가 이런 상태가 됐다면 어른은 더욱 침착하게 행동해야 합니다. 감정에 치우쳐 격하게 혼내거나 목소리를 높여서는 안 됩니다. 부모도 아이도 모두 감정이 가라앉아 침착해졌을 때 이유를 설명하거나 말을 걸도록 합니다.

요구를 들어주지 않았다고 짜증을 낼 때 아이의 요구를 한두 번 들어주면 짜증을 강화시키게 됩니다. 하지만 쌍방이 서로 양보하며 접근하지 않으면 오랫동안 해결되지 않는 경우도 있습니다. 이런 경우에는 부모와 아이가 타협할 수 있도록 새로운 방법을 만들어 보는 것도 필요합니다.

과제를 거부하며 심하게 짜증을 내는 아이라면, 과제의 난이도를 낮추고 힌트를 주는 대신 아이에게 조금 더 노력해보도록 격려합니다. 아이가 노력하여 과제를 성공시키면, 참고 노력한 것에 대해 마음에서 우러나는 칭찬을 해줍니다. 울며 소리치는 식의 짜증은 아이에게도 부담이 되는 일입니다. 따라서 짜증을 냈는데도 자신의 요구가 이루어지지 않으면 짜증 내는 행동은 아이에게 수지가 맞지 않는 일이 되지요. 아이가 짜증을 보일 경우 이렇게 서로 조금씩 양보하는 것을 가르치도록 합니다.

아이가 스스로 기분을 차분하게 할 수 있는 방법을 터득하게 하는 것도 중요합니다. 짜증이 수습되는 과정 중에는 그 아이만의 침착해질 수 있는 장소나 정해진 의식 같은 것이 있을 것입니다. 아이 방에 칸막이로 피난 장소를 만들어서 아이가 짜증을 낼 것 같을 때 그곳으로 데리고 가서 기분을 조절하도록 가르치는 것도 중요합니다.

# ABA PROGRAM

# PART 2

★

# 가정에서 하는 ABA 프로그램

# 대인관계행동

다양한 신체 놀이를 통해 눈맞춤이나 접근 행동을
기르는 방법을 소개합니다.
다른 사람과의 신체 접촉이
아이에게 긍정적인 감각 자극이 되도록 도와주세요.

# 대인관계행동의 기초

:

 자폐아이는 발달 초기단계에서 사람을 대할 때 적극적으로 다가가거나 타인과 감정을 공유하고 공감하는 것에 어려움을 느끼는 것을 볼 수 있습니다. 이것은 자폐성 장애 진단기준의 하나인 '대인적 상호관계에 의한 질적인 장애'라고도 불립니다.

 특히 언어를 획득하기 전의 전언어적 행동이라고 불리는, 눈과 눈을 맞추는 눈맞춤이나 상대가 주목한 대상과 같은 것에 주의를 기울이는 공동주의(joint attention), 상대의 표정이나 반응으로 사물을 비교하는 것은 나중에 아이의 커뮤니케이션이나 언어발달에 크게 영향을 미치는 과제들입니다.

 커뮤니케이션이나 언어가 발달하기 위해서는 '상대에게 주목하기', '상대에게 접근하기', '상대를 만지기' 등 전언어적 행동이나 타인과 관계하는 행동을 잘 끌어내는 것, 즉 강화해 나가는 것이 중요합니다.

여기서는 상대방과 직접적으로 관계하는 '신체놀이'를 통해 눈맞춤이나 접근 행동을 기르는 방법을 소개합니다. 이 방법들은 개개인에 알맞게 적용할 수 있으며, 다음에 이야기할 촉각과민을 완화하는 데에도 중요하게 작용합니다. 아이에 따라서는 촉각과민이 심해서 다른 사람이 자기 신체를 만지는 것이나 안아주는 것조차도 싫어하는 경우가 있습니다. 또 대인적인 촉각과민은 장소나 사람, 시간대에 따라 심해지거나 약해지거나 하면서 변하는 경우도 있고, 고집스러운 성향과 관련된 경우도 있습니다.

예를 들어, 엄마가 안아주는 것은 괜찮은데 아빠가 안아주는 것은 싫어한다던가, 뒤로 업는 것은 괜찮아도 앞으로 안는 것은 안 되는 아이도 있습니다. 또 집에서 안는 것은 싫어하지만 처음 가본 장소에서는 불안한 상황으로부터 도망치기 위해 오히려 안겨있기를 원하는 경우도 있습니다. 손을 잡는 것도 같은 양상입니다.

앞으로 소개할 방법들 중 쉬운 것부터 조금씩 시도해보세요. 무리하게 시도하지 말고 아이의 성격과 특징을 고려해 가장 쉽게 받아들일 수 있는 환경을 마련한 뒤 차근차근 시도하세요. 다른 사람과 접촉하는 대인관계 행동이 아이에게 긍정적으로 받아들여지도록 하는 것이 핵심입니다. 집에서 신체놀이를 할 때 다이나믹한 놀이는 아빠와 하는 등 역할 분담을 통해 즐겁게 해봅시다.

다른 사람과의 신체 접촉이 아이에게 기분 좋은 긍정적인 감각 자극이 된다면 언어 발달뿐 아니라 일상생활에서의 자조활동이나 글씨 쓰기, 숟가락과 젓가락 사용하기 등의 지도가 쉬워지고 외출할 때나 어린이집, 학교 행사에서도 손을 잡고 다닐 수 있게 됩니다. 또 악수나 하이파이브를 하는 것이 강화제가 되면 과제 학습에도 더 즐겁게 임할 수 있습니다. 특히 '물건 주고받기'는 커뮤니케이션이나 지시를 이해하는 기초가 됩니다. 상대방에게 주목하고 상대방의 움직임에 맞춰 움직일 수 있다는 것은 '상대방을 인식한다'는 행동의 첫걸음이라고 할 수 있습니다. 여기서 소개하는 과제는 뒤에 소개되는 커뮤니케이션 과제나 매칭 등의 인지 과제와도 연계됩니다.

신체 접촉은 웃음이나 기분 좋은 발성 등 긍정적인 감정을 일으킵니다. 간지럼 태우기에 익숙해지면 간지럼을 태우려는 행동을 취하는 것만으로도 웃음이 나오게 됩니다. 또한 자폐아이에게는 드물다는 '미소 짓기'를 끌어낼 수도 있습니다.

이렇게 대인관계로 동기부여를 높이는 절차는 일본 ABA에서도 '자유작동법(Free Operant)'이라는 이름으로 연구해왔습니다. 최근 미국의 ABA에서도 '중심축 반응훈련(PRT, Pivotal Response Training)' 등으로 주목받고 있습니다. 각 과제의 절차를 참고하여 아이에게 맞는 스몰스텝으로 즐겁게 진행해봅시다.

||||| 대인관계행동 |||||||||||||||||||||||||||||||  |||||||||||||||||||||||||||||||||||||||||

# 신체놀이

- **목표**

  자발적인 접근이나 눈맞춤 가르치기. 촉각과민의 완화. 신체적 상호작용 자체가 강화제가 되게끔 하는 것입니다.

**프로그램** **직접적인 신체놀이**

- **유의사항**

  아이의 저항이 적고, 도입하기 쉬운 것부터 선택해서 진행합니다. 아이가 다른 놀이에 집중하고 있을 때 신체놀이를 유도하면 재미있게 하던 놀이를 중단시키게 되므로 아이가 저항할 가능성이 높지요. 아이가 좋아하는 DVD를 같이 보면서, 혹은 노래나 음악에 맞춰서 하는 등 아이가 긴장을 풀고 참여할 수 있는 환경에서 진행해주세요.

### (1) 간지럼 태우기 놀이

간지럼을 태워도 아이가 싫어하지 않을 만한 부위를 찾습니다. 손, 배나 등이 좋습니다. 간지럼의 강도는 아이에 따라 다르게 할 필요가 있습니다. 간지럼 태우는 활동에 어울리는 노래, 예를 들어 〈퐁당퐁당〉을 같이 부르면서 하면 '이제부터 간지럽히겠구나' 하는 예측이 가능해서 저항이 줄어듭니다.

몇 번이고 반복한 뒤 조금 기다려봅니다. 간지럽혀줬으면 하는 부분을 어른 쪽으로 향하거나, 스스로 손으로 가리키는 움직임이 보이면 그에 맞춰서 다시 간지럼을 태워줍니다. 이런 식으로 간지럼 태우기 놀이로 상호작용이 가능하게 합니다.

단, 어른이 신나서 너무 오래 간지럼을 태우면 싫어할 수도 있으니 주의해야 합니다.

### (2) 안아주기, 높이높이

안아서 들어 올리거나 안은 채로 돌리는 다이나믹한 상호작용을 좋아하는 아이도 있습니다. 일반적으로는 앞에서 안는 것보다 뒤로 안는 것이 더 저항이 적은 편입니다.

처음부터 너무 장시간, 자주 하면 이 놀이를 싫어할 수도 있으니 짧게 하세요. 아이를 아래로 내려놓은 뒤 아이의 반응을 살펴가며 더 진행할지 말지 결정합니다.

아이가 어른에게 접근하거나 팔을 위로 올리거나 눈맞춤을 하는 등 아이 쪽에서 또 해줬으면 하는 행동을 보이면, 바로 다시 안아 올려주세요. 다만 어린 아이라면 과도한 움직임을 장시간 하지 않도록 주의해야 합니다. 또 회전할 때 눈을 돌릴 수 없는 아이도 있기 때문에 너무 돌리는 것은 아닌지 충분히 주의해주세요.

이 놀이는 자극을 주기 위한 것이 아니라 아이와 부모의 즐거운 상호작용을 위한 것이라는 점에 유의하시기 바랍니다.

### (3) 비행기 놀이

안아주기와 비슷합니다. 어른이 하늘을 보고 누워서 아이를 아래에서부터 올립니다. 안아주는 것보다는 힘이 덜 들어가므로 여성도 간단히 해줄 수 있습니다.

비행기 놀이 역시 한번에 길게 하지 않고, 내려준 뒤 아이가 더 해달라고 접근해 오길 기다립니다.

### (4) 악수, 하이파이브

아이와 마주보고 앉습니다. 악수할 때는 아이의 손을 가볍게 잡고 흔들흔들하는 느낌으로 시도합니다.

손을 잡는 것을 싫어하는 아이도 있으므로 무리하게 잡으려고 하지 마세요. 먼저 손바닥을 마주해서 터치하는 하이파이브를 하고, 그대로 손을 잡아 악수로 이행하는 식으로 방법을 궁리합니다. 악수를 하고 손을 뗐을 때 아이가 스스로 손을 내밀어주는 것이 목표입니다.

**프로그램** 물건을 사용한 신체놀이

- **유의사항**

'안아주기'나 '높이높이'와 같은 직접적인 신체를 사용한 다이나믹한 놀이에 아이가 강한 저항을 보이거나 어른이 체력적으로 하기 힘든 경우, 물건을 사용한 신체놀이를 해봅시다. 이것 역시 긍정적인 감각 자극으로 상호작용을 하는 것과 촉각과민의 완화가 목적입니다. "싫어요", "무서워요"라는 반응이 나오지 않도록 천천히 시도해야 합니다. 일단 저항감이 생기면 거부하는 경우도 늘어나기 때문에 주의해가며 스몰스텝으로 진행합니다.

### (1) 짐볼

처음에는 아이의 발이 바닥에 닿는 상태에서 엎드려 짐볼에 기대게 합니다.

뒤에서 아이를 가볍게 받쳐주면서 리듬감 있게 등을 밀고 모습을 관찰합니다. 익숙해지면 뒤에서 받쳐준 상태에서 발을 살짝 띄우고 등을 밀어 앞뒤로 움직일 수 있게 해줍니다. (다음 페이지 그림 참조)

여기에 익숙해지면 마주보며 손을 잡고 발을 띄워서 같은 방법으로 흔들어봅니다. 더 나아가 오른쪽 그림처럼 짐볼 위에 앉아 손을 마주잡고 점프를 하거나 흔들어보는 등 다양하게 놀아봅시다. 놀이를 일정시간 하고 난 뒤, 일단 아이를 짐볼에서 내립니다. 아이가 짐볼이나 어른에게 접근해오거나, 요구하는 듯한 몸짓을 하면 바로 다시 짐볼에서 놉니다.

오른쪽 그림처럼 짐볼 위에 앉힌 채 흔들 경우에는 짐볼이 움직이지 않도록 벽에 기대고 무릎으로 고정합니다.

### (2) 미끄럼틀

조립식 미끄럼틀의 사다리 부분을 빼고, 미끄럼틀까지 안아 올려서 미끄럼을 타게 합니다. 이렇게 하면, 사다리가 없는 미끄럼틀(A 선행사건) → 안아달라고 요구(B 행동) → 미끄러지는 느낌(C 결과)으로 행동의 흐름이 잡혀서 안아달라는 요구가 결과적으로 미끄럼틀을 타는 것으로 강화됩니다.

미끄럼틀에만 얽매일 필요는 없습니다. 아이가 좋아하는 다른 기구나 장난감이 있다면 그것을 이용합니다. 자연스러운 흐름 속에 신체를 접촉하고 눈맞춤하는 동작을 늘릴 수 있도록 합니다.

대인관계행동

# 물건 주고받기

- **목표**

  물건을 주고받는 행동은 커뮤니케이션 스킬이나 인지·학습 스킬의 기초가 되는 매우 중요한 과제입니다. 지정된 물건에 주의를 기울이고 타인에게 건네줄 수 있도록 연습합니다.

- **유의사항**

  물건을 건넬 때 상대방의 손바닥 위에 올리는 것이 가장 바람직합니다. 하지만 손바닥 위에 물건을 올리는 것을 잘 못한다면, 예를 들어 퍼즐 조각이라면 퍼즐 판을 손 위에 들고 퍼즐 조각을 퍼즐 판에 올려서 맞추게 하거나, 접시를 손으로 받치고 접시 안에 블록을 넣게 하는 등 스몰스텝을 연구하며 진행해주세요.

**프로그램 물건 주고받기**

### (1) 신체적 촉구에 의한 주고받기

이 동작은 어른 두 명이 아이와 함께 진행해야 합니다. 앞의 그림처럼 어른 중 한 명은 아이의 등 뒤에서 물건을 집을 수 있게 도와줍니다. 이때 아이가 잡기 쉬운 것 중에서 좋아하지도 싫어하지도 않는 물건으로 선택합니다. 그림에서는 나무 블록을 예로 들었지만, 아이가 잡기 쉬운 적당한 크기와 재질이라면 무엇이든 괜찮습니다. 다른 한 명은 아이 정면에서 아이가 물건을 올릴 수 있도록 손바닥을 펼치고 기다립니다.

처음에는, 아이에게 물건을 건네면 즉각 뒤에 있는 어른이 아이의 손을 살포시 잡아 앞에 있는 어른의 손바닥 위에 올려놓도록 촉구합니다. 이를 성공하면 바로 아이가 좋아하는 신체놀이를 강화제로 제공합니다. 점차 뒤에 있는 어른의 신체적 촉구를 조금씩 줄여가며 혼자서도 할 수 있도록 연습합니다.

### (2) 혼자서 주고받기

나무 블록을 책상 위에 올려놓고 앞에 있는 어른이 나무 블록을 가리키며 "이거 줘"라고 말한 뒤 손바닥을 펴고 기다립니다. 아이가 스스로 나무 블록을 집어들어 상대방의 손바닥 위에 올리는 것이 목표입니다. 잘 되지 않을 때는 뒤에 있는 어른이 아이의 손을 잡아 촉구해주며 성공하게 하고, 조금씩 신체적 촉구를 줄여나가 최종적으로는 지시만으로도 아이가 혼자서 해낼 수 있도록 합니다. 또 나무 블록의 위치를 조금씩 바꾸거나 거리를 조금씩 늘려가며 시도합니다.

### (3) 떨어진 위치에서 주고받기

앞에 있는 어른은 조금 떨어진 위치로 이동합니다. 아이가 책상 위에서 나무 블록을 잡은 채로 2~3미터 걸어가 건네주는 것을 목표로 합니다. 물건을 건네면 즉시 안아주거나 신체놀이로 칭찬해주는 것을 잊지 마세요. 연습하는 횟수는 아이가 싫증내거나 싫어하지 않을 정도로 합니다.

# 생활

생활 스킬은 아이가 성장하는 과정에서 습득해
평생 사용하는 자조기술입니다.
처음에 단번에 성공하는 것보다는,
아이에게 맞는 레벨을 설정하여
할 수 있는 것부터 해나가도록 합니다.

# 생활 스킬

식사법이나 옷 갈아입기, 배변, 목욕, 물건 사기, 음식 조리와 같은 다양한 생활 스킬은 아이가 성장하는 과정에서 습득해 평생 사용합니다. 장기적인 안목으로 조금씩 익혀나가도록 합니다.

자폐아이가 생활 스킬을 어려워하는 배경에는 지시가 이해되지 않거나, 동작 자체가 힘들거나, 고집이나 습관 때문에 동작을 잘 익히지 못한다거나 하는 등의 다양한 요인이 있습니다. 예를 들어, 옷을 잘 갈아입지 못한다면 지시가 이해되지 않아서인지, 손끝의 힘이 부족해서인지, 그냥 하기가 싫은 것인지, 잠옷의 촉감이나 색이나 종류가 마음에 안 들어서인지, 어른의 주의를 끌고 싶은 것인지 등 아이들에 따라 원인이 각기 다르므로 확인할 필요가 있습니다. 원인이 중복되는 경우도 있습니다.

구체적인 목표가 정해지면, 우선 아이에게 최적의 환경을 만들고 조정해주세요. 옷 갈아입기 활동을 할 때는 주의가 흐트러지지 않는 장소에서 갈아입기 편한 옷을 입도록 하고, 배변훈련을 할 때는 화장실 안에 밝은 조명과 촉감이 좋은 변기커버를 준비하는 식입니다. 또 화장실에 아이가 좋아하는 노래를 틀거나 틀어준다고 예고하면 효과가 좋습니다. 이런 식으로 환경을 마련하는 것과 동시에 소변을 보지 않더라도 변기에 앉아있는 시간이 늘어나면 칭찬해주는 스몰스텝을 만들어 지도합니다. 성공하면 아이와 함께 기뻐하는 상호작용을 합니다.

즉 어떻게 지도하더라도 적절한 행동을 유도할 수 있도록 사전에 환경을 정비하고, 목표 행동과 촉구하는 방법을 스몰스텝으로 정해둡니다. 이것이 기본적인 지도 방법이며 과제가 바뀌더라도 지도법은 변하지 않습니다.

처음부터 단번에 성공하는 것보다는, 아이에게 맞는 레벨을 설정하여 '할 수 있는 것'부터 해나가도록 합니다. 물건을 살 때 좋아하는 물건 선택하기, 구입할 때 상품을 계산대에 넘기기, 이 두 가지를 해낸다면 지불은 어른이 대신 해주는 식입니다. 물건을 사는 방법이 어떻든 아이가 좋아하는 물건을 가질 수 있게 되었으니 물건 사기는 '성공'입니다. 이 방법이 정착되고 계산대까지 스스로 갈 수 있게 되면 지갑에 "계산해주세요"라고 쓴 종이를 붙여주어 어른 없이도 물건을 살 수 있도록 합니다. 이 방법도 잘 해내면 스스로 지불하도록 지도합니다.

이렇게 아이가 할 수 있는 것부터 달성하는 것을 중요시하고, 조금씩 단계를 높여가며 생활 스킬을 익히도록 합니다.

생활 스킬 중에서도 특히 금전 관리, 시간이나 스케줄 관리는 청년기 이후에 필요한 것입니다. 돈에는 이름이 쓰여 있지 않으므로 가족 각자의 지갑을 정하는 등의 방식으로 소유 개념을 길러줍니다. 또한 용돈을 주되 '돈을 한번에 많이 쓰면 원하는 것을 살 수 없다'는 경험을 통해 소비를 조절할 수 있게 가르칩니다.

인도로 걷기, 자전거 타기, 횡단보도 건너기, 대중교통 타기, 식당이나 도서관 같은 시설 이용하기, 지역 축제 참가하기, 휴대폰으로 자기가 있는 곳 알리기 등의 스킬도 배우는 것이 좋지만, 이 책에는 기재하지 않았습니다. 초등학교 고학년 이후 필요성이 높아지는 것들이기 때문입니다.

또한 놀이터, 문화센터 등을 활용할 수 있도록 가르치면 아이의 생활권이 넓어집니다. 이런 곳에서는 공중예절이나 규칙을 지켜야 하므로 이를 가르치기 위해서는 장기적이고 지속적인 지도가 필요합니다.

||||| 생활 스킬 |||||||||||||||||||||||||||||||  |||||||||||||||||||||||||||||||||||

# 배변훈련

- **목표**

  어른의 도움 없이 혼자 화장실에 가서 배변을 할 수 있도록 하는 것입니다.

- **유의사항**

  배변훈련은 아이의 고집 때문에 어려움을 겪는 경우가 많습니다. 화장실에 들어가는 것이 싫어서, 기저귀에 너무 익숙해서 등 배변훈련이 잘 되지 않는 원인은 다양합니다. 무엇이 원인인지를 찾는 것부터 시작해야 합니다.

**프로그램** 배변훈련

### (1) 적절한 환경 준비

배변훈련을 시작하자마자 성공하기는 어렵습니다. 누구나 실패하기 마련입니다. 최대한 실패를 줄이기 위해 훈련을 시작하기 전에 화장실 환경을 잘 정비하는 것이 좋습니다. 변기에 앉았을 때 차갑다고 느끼지 않게 커버를 씌우거나 비데가 있다면 온열 기능을 사용하는 것이 가장 기본입니다. 그 외에도 화장실을 청결하게 유지하기, 변기에 앉았을 때

안정감을 느낄 수 있도록 발 받침대 놓기, 좋아하는 캐릭터의 포스터나 스티커를 문에 붙이기, 아이가 화장실에 갈 것 같은 시간에는 미리 화장실 문을 열어두기 등의 방법이 있습니다.

되도록 배변훈련을 시작하기 전에 팬티에 익숙해지도록 합니다. 팬티를 입어야 배변훈련에 실패했을 때 '기분 나쁘다'는 감각을 빠르게 학습할 수 있기 때문입니다. 팬티에 대한 거부감이 심한 경우, 아이가 좋아할 만한 귀여운 팬티를 기저귀 위에 입히면 팬티에 익숙해질 수 있습니다. 또 입고 벗기 편한 바지를 입히는 것도 중요합니다.

배변훈련을 시작하는 것 자체에 저항을 하는 경우에는 먼저 화장실에 대한 공포심을 없애야 합니다. 화장실에 들어가는 것부터 연습하고 배변훈련은 그 뒤에 시작하도록 합니다. 화장실 문이나 벽에 아이가 좋아하는 스티커를 붙이게 하거나, 화장실 안에 있는 아빠와 악수를 하고 돌아오게 하는 등 게임식으로 해보세요.

### (2) 소변훈련

소변부터 훈련하는 것이 조금 더 쉽습니다. 먼저 아이가 평소에 어느 정도의 간격으로 쉬를 하는지 알아야 합니다. 1시간 반에 1회, 2시간에 1회 등 아이에 따라 어느 정도 패턴이 있을 것입니다. 기록을 하면 더 쉽고 정확하게 알 수 있습니다. 시간 간격을 파악했으면 그 시간에 맞춰 아이에게 말을 걸어 화장실로 유도하고 변기에 앉힙니다. 먼저 변기에 앉을 수 있는 것이 목표입니다. "쉬~ 쉬~" 하고 말을 하면서 잠시 동안 변기에 앉아 있도록 합니다.

　소변이 나오지 않더라도 변기에 앉은 행동 자체를 칭찬해주세요. 서서히 앉는 것에 익숙해져 긴장하지 않으면 어느새 소변을 볼 수 있게 됩니다. 쉬를 하면 크게 칭찬해주세요. 화장실에 가는 동기를 만들어주기 위해 화장실에 한 번 다녀올 때마다 스티커를 한 개 붙일 수 있는 토큰(41페이지 참조)을 주는 것도 좋습니다.

　소변이 나오든 안 나오든 변기에 앉을 수 있게 되면 일련의 흐름(여자아이라면, 휴지로 닦는다→휴지를 변기에 버린다→팬티와 바지를 입는다→물을 내린다→손을 씻는다)을 만들어 하나의 과정처럼 실행하고 화장실을 나오도록 합니다. 화장실에 갔더라도 소변이 나오기까지는 실패도 많이 하고 변기에 앉기 전에 오줌을 싸는 경우도 많겠지만 절대 혼내서는 안 됩니다.

　아이가 변기에 앉는 것에 저항한다면 같은 성별의 어른이나 형제자매가 실제로 변기에 앉아서 소변을 보는 모습을 보여주면 저항감이 약해질 수 있습니다. 기저귀에 심하게 집착하는 경우는 공포심과 고집이 결합된 경우가 많으므로, 기저귀를 한 채로 변기에 앉는 연습부터 시켜주세요. 화장실 안에 기저귀를 버리는 휴지통을 놓고, 스스로 기저귀를 버리러 화장실로 가도록 해서 '화장실'과 '소변'을 서서히 결합시킵니다. 화장실에서 기저귀를 갈 수 있다면 당분간 화장실에서만 기저귀를 갈도록 합니다. 이때도 변기의 물을 내리고, 손을 씻고, 화장실 밖으로 나가는 과정을 만들어서 같이 시행하는 것이 좋습니다.

### (3) 대변훈련

대변은 소변과 비교했을 때 연습할 수 있는 횟수가 적어 훈련하는 데 시간이 걸립니다. 때문에 사전에 화장실에서 응가를 한다는 것을 알려주고, 상황에 따라서는 어른이나 형제가 응가하는 모습을 보여줄 필요가 있을지도 모릅니다. 응가를 할 때 발이 떠 있으면 배에 힘을 주기 어려워하므로 발 받침대를 준비해주세요.

소변과 마찬가지로 대변 역시 어느 시간대에 주로 하는지 기록합니다. 매일 응가하는 아이는 비교적 정해진 시간에 하는 경우가 많기 때문에 그 시간대가 되면 미리 변기에 앉혀서 "으~~응, 으~~응" 하고 말하며 기다려봅니다. 소변과 마찬가지로 변기에 앉은 것에 대해 칭찬하는 것이 중요합니다.

하지만 변비가 있거나 배변시간이 일정하지 않다면 타이밍을 파악하기가 어렵습니다. 이런 경우에는 아이를 잘 관찰하다가 응가를 하려는 몸짓을 보이면 바로 화장실로 유도해서 변기에 앉힙니다.

대변훈련 시 특히 기저귀를 떼지 못하는 아이가 많은데, 응가를 하기 전에 기저귀를 스스로 갈아입으려고 고집을 부리는 아이도 있습니다. 이런 경우에는 아이가 기저귀를 한 채로 응가를 할 때 어떤 자세를 취하는지 잘 관찰합니다. 응가를 할 때는 힘이 꽤 필요하기 때문에 엉거주춤한 자세를 취하기 마련입니다. 이런 아이는 화장실에서도 기저귀를 했을 때와 같은 자세로 응가를 하도록 도와줍니다.

기저귀에 집착하는 경우에는 기저귀를 한 상태여도 괜찮으니 화장실에서 응가를 하게 합니다. 소변과 마찬가지로 집착하거나 고집부리는 것을 하나씩 없애가면서 '응가'와 '화장실'을 서서히 결합시켜 갈 필요가 있습니다. 배변훈련을 하는 동안 가능한 한 화장실에서 기저귀를 갈아주세요. 또한 휴지로 닦고, 변기 물을 내리고, 손을 씻고 화장실 밖으로 나가는 과정을 만들어서 화장실에 갈 때마다 그 과정을 반복해줍니다.

### (4) 화장실 예고하기

어른이 먼저 말했을 때 화장실에 갈 수 있게 되면, 다음은 '화장실에 가고 싶은 의사'를 표현하는 연습을 합니다. 아이의 수준에 맞게 단어, 사인, 그림카드 등의 방법을 선택합니다. 처음에는 단어와 그림카드를 병행하고 서서히 단어만 말하도록 하는 것이 효과적입니다.

화장실에 가기 전에 어른이 먼저 말하는 것과 더불어 아이 스스로에게도 '쉬', '응가'라고 말하게 하고 화장실로 유도합니다. 그림카드를 사용하는 경우, 아이가 화장실 그림카드를 집게 한 뒤 화장실에 갑니다. 익숙해지면 서서히 어른이 '쉬', '응가'라고 말하는 것을 그만두고 아이만 말하게 합니다. 제때 말을 잘하면 듬뿍 칭찬해줍니다.

|||| 생활 스킬 ||||||||||||||||||||||||||| 04 ||||||||||||||||||||||||||||||||||||||

# 옷 갈아입기

- **목표**

어른의 도움이 없어도 혼자서 옷을 갈아입는 것이 목표입니다.

- **유의사항**

외출하기 전처럼 시간이 촉박한 때보다 집에서 여유를 가지고 과제에 임할 수 있는 시간에 연습하는 것이 좋습니다. 옷을 입기보다 벗기가 더 쉬우므로 우선 탈의부터 연습합니다. 또한 과제의 처음 단계부터가 아니라 가장 마지막 단계부터 혼자서 할 수 있도록 도와주는 것이 포인트입니다.

**프로그램** 옷 갈아입기

### (1) 장소

거울 앞이나 옷장 앞처럼 옷 갈아입는 장소를 정해둡니다. 그렇게 해야 그 장소에 가면 옷을 갈아입는다는 것을 아이에게 이해시키기 쉽습니다. 또 티비나 아이가 좋아하는 물건에 주의를 뺏길 만한 장소는 피하는 것이 좋습니다.

옷 갈아입을 장소에 매트를 깔아서 시각적으로 바로 보이게 하거나,

벗은 옷을 넣을 바구니를 두거나 해서 한 장소에서 옷 갈아입는 것을 반복하도록 합니다.

### (2) 순서

옷 갈아입는 순서를 정합니다. 입을 때는 아이가 입기 쉬운 순서로 팬티, 바지, 셔츠, 겉옷 식으로 합니다. 입는 순서대로 옷을 왼쪽부터 오른쪽으로 나란히 놓거나, 위에서부터 입는 순서대로 쌓아두면 그 흐름을 더 쉽게 알 수 있습니다.

### (3) 옷을 입히는 방법

마지막 단계부터 연습하는 방법을 양말 신는 법으로 설명하겠습니다 (46페이지 과제분석표 참조). 처음에는 양말을 발목까지 어른이 신겨주고 '⑤양말을 끝까지 올린다'만 스스로 하는 것을 목표로 합니다. ⑤를 혼자서도 할 수 있게 되면 양말을 발뒷꿈치까지 어른이 신겨주고 '④발뒷꿈치부터 발목까지 양말을 끌어올린다', '⑤양말을 끝까지 올린다'를 혼자 하게 합니다. 그 다음엔 '③양말에 발을 넣고 발뒷꿈치까지 넣는다' 부터 끝까지 혼자 하게 하는 것을 목표로 합니다. 이런 식으로 단계를 서서히 늘려갑니다. 혼자서 하지 못하면 손을 잡아서 신체적 촉구를 해주세요.

이런 식으로 처음에는 마지막 단계만 스스로 하게 하고 서서히 촉구를 줄여나가면서 아이가 스스로 할 수 있는 단계를 늘려갑니다. 이 연습 방법을 후진형 행동연쇄(Backward Chaining)라고 합니다.

　아이에 따라 단계를 보다 세세하게 나누거나, 단계를 줄여서 할 수도 있습니다. 아이를 잘 관찰하면서 아이의 수준에 맞는 단계로 나눠서 실행해주세요.

### (4) 준비

　옷을 혼자 갈아입을 수 있게 되면 입을 옷을 스스로 준비하는 것도 연습합니다. 바지, 셔츠, 속옷이 어디에 들어있는지 알 수 있도록 그림카드나 글자로 서랍 앞에 붙입니다. 스스로 가지고 올 수 있게 되면 그 다음엔 계절이나 TPO에 맞게 옷을 선택하는 것을 목표로 합니다.

|||||  생활 스킬  |||||||||||||||||||||||||||||||||    |||||||||||||||||||||||||||||||||||||||||||||||||||||

# 손 씻기

- **목표**

비누를 사용해 손을 씻고 수건으로 닦는 등 손을 청결하게 하는 기본적인 생활 스킬을 익히는 것이 목표입니다.

- **유의사항**

아이의 손이 세면대의 수도꼭지에 닿을 수 있도록 세면대 앞에 디딤대를 놓습니다. 먼저 아이가 혼자서 어느 정도 손을 씻을 수 있는지 아래의 과제분석을 참고하여 확인해봅시다.

**프로그램** 손 씻기

### (1) 준비

다음은 손을 씻기 위한 과제분석의 예시입니다.

① 손을 씻는 곳(화장실)으로 간다.
② 수도꼭지를 틀어서(혹은 레버를 눌러서) 물을 나오게 한다.
③ 손을 물로 적신다.
④ 물비누를 1회 누르고 손에 묻힌다.

⑤ 양손을 비비며 손을 씻는다.
⑥ 흐르는 물에 손을 씻는다.
⑦ 수도꼭지를 잠근다(혹은 레버를 되돌려 놓는다).
⑧ 수건으로 닦는다.

과제분석을 보고 아이가 할 수 있는 스텝, 혼자서는 조금 하기 힘들어 하는 스텝을 기록하여 확인하면 어느 부분에서 헤매고 있는지 쉽게 알 수 있습니다.

### (2) 물에 민감한 아이의 대응

물에 예민한 아이들이 있는데, 물의 온도에 따라 만지기 힘들어할 수도, 어려움 없이 만질 수도 있습니다. 물을 이용한 놀이를 자주 하면 물에 대한 과민성을 완화할 수 있습니다. 젖은 수건으로 손을 닦는 것부터 시작하는 것도 하나의 방법입니다.

### (3) 물을 감각적으로 좋아하는 아이의 대응

반대로 물을 계속 만지려고 하는 아이도 있습니다. 이런 아이는 손을 잡고 신체적 촉구를 하면 됩니다. 이때 손 씻기를 짧은 시간에 끝낼 것, 그리고 손 씻기를 끝까지 해낸 것에 대해 칭찬하는 것이 포인트입니다. 신체적 촉구는 아래의 스텝으로 점차 없애줍니다.

① 아이의 손등을 잡고 양손을 비빈다.
② 아이의 손목을 잡고 손을 비빈다.
③ 아이의 팔을 잡고 손을 비빈다.
혼자서 손을 씻을 수 있을 때까지 칭찬 등의 강화를 계속합니다.

### (4) 시각적 제시

손 씻기의 스텝 하나하나 모두 지시와 촉구가 필요한 경우, 앞의 과제분석 항목을 참고하여 순서마다 그림이나 사진을 이용해 시각적으로 제시합니다. 잘 보이는 곳에 붙이고 촉구가 필요한 경우 어른이 그림이나 사진을 손가락으로 가리키며 확인시키도록 합니다.

밖에서 나갔다 들어왔는데 좋아하는 놀이가 하고 싶어서 손 씻기를 거부하는 경우도 있습니다. 현관에 손 씻는 그림카드를 붙이고 귀가 직후에 카드를 확인하게 하고 손 씻는 장소로 가도록 촉진시킵니다. 귀가 후 손 씻기가 좀처럼 정착되지 않으면, 집에 들어가자마자 손 씻는 장소로 직행하는 연습을 어른과 함께 반복하도록 합니다.

생활 스킬 | 06

# 세수하기

- **목표**

얼굴에 물을 묻힐 수 있도록 단계적으로 가르치고, 세수를 하면 얼굴이 깨끗해진다는 것을 알게 하여 세수하는 습관을 기르도록 하는 것입니다.

- **유의사항**

얼굴에 물을 묻히는 것을 어려워하는 아이에게는 얼굴의 일부분, 예를 들어 뺨을 적시는 것부터 조금씩 익숙해지도록 합시다. 사춘기가 되면 호르몬 변화로 여드름이 나는 등의 변화가 생기므로 더욱 청결을 유지해야 합니다. 어릴 때부터 스스로 비누로 씻을 수 있도록 단계적으로 지도합시다.

**프로그램** 세수하기

### (1) 얼굴 적시기

얼굴이 젖는 것을 싫어하는 아이들이 있습니다. 이런 아이에게는 가장 먼저 눈을 꼭 감는 연습부터 시작하세요. 처음부터 얼굴을 물로 적시는 것보다는 젖은 수건으로 닦는 것부터 시작합니다. 눈을 감고 씻는 것에 대한 저항이 없어지면 볼이나 입 주변, 이마, 눈 주변으로 조금씩 적시는 범위를 넓혀갑니다. 조금이라도 성공하면 바로 칭찬하는 등 강화해주세요.

  손을 모으지 못하거나 오목하게 해서 물을 받는 방법을 모르는 아이도 있습니다. 이럴 때는 어른이 손으로 물을 받는 시범을 보여서 따라하게 합니다. 놀이시간에 모래나 작은 장난감을 양손으로 받는 연습을 하는 것도 좋습니다.

### (2) 물로 얼굴 비비기

  얼굴에 물을 적실 수 있게 되면 더러워진 부분을 씻을 수 있도록 얼굴을 문지르는 연습도 합시다.

  손의 움직임이 작아서 얼굴 전체를 문지르는 것이 어려운 경우가 있습니다. 얼굴을 문지를 때는 눈을 감고 있기 때문에 시범을 보여줘도 아이가 따라하기 힘듭니다. 그래서 옆에서 말로 설명하거나 손을 잡아서 손을 크게 움직이도록 하거나 전체를 문지를 수 있게 도와줍니다. 얼굴 전체를 문지를 수 있게 되면 볼, 이마, 코 등 부분부분을 세세하게 문지르는 것도 가르칩니다.

### (3) 비누로 씻고 헹구기

  사춘기가 되면 여드름이 생기기 쉬우므로 반드시 비누로 꼼꼼히 세수

해야 합니다. 그러므로 어렸을 때부터 조금씩 비누에 익숙하게 합시다.

비누 거품 내기를 재미있어하는 아이도 있습니다. 하지만 비누가 미끄러져서 잘 잡지 못하거나 거품을 잘 내지 못하는 경우도 있습니다. 이럴 때는 비누를 시판 거품망이나 양파망 같은 것에 넣어 거품이 쉽게 나도록 합니다.

비누를 사용한 다음 잘 헹구는 것도 중요합니다. 비누를 잘 헹구지 않으면 염증이 생길 수 있으므로 머리카락이 있는 부분을 꼼꼼히 씻어낼 수 있도록 옆에서 지켜보면서 말로 주의를 줍니다. 또 세수한 후 수건으로 닦는 것도 잊지 않고 가르쳐주세요. 턱이나 머리카락이 있는 부분, 코 주변은 물기가 남기 마련이므로 어른이 손을 잡아서 같이 닦거나 언어적인 촉구를 줍니다.

세수하기를 습관화시키는 데에는 토큰이 효과적입니다. 예를 들어 아침과 밤, 각각 세수를 하면 1점이라고 정해서 포인트 스티커나 카드를 모으면 좋아하는 활동이나 좋아하는 물건을 가질 수 있도록 하는 방식으로 연구해봅시다.

|||| 생활 스킬 |||||||||||||||||||||||||||  |||||||||||||||||||||||||||||||

# 양치하기

- **목표**

    감각과민을 완화시키고 양치에 대한 저항을 줄이는 것, 양치하는 순서를 기억해서 입 안의 청결을 유지하는 것이 목표입니다.

- **유의사항**

    아이의 상황에 맞춰서 어떤 단계부터 시작하면 좋을지 정합니다. 감각과민이 강한 아이는 가제수건을 이용해서 양치에 조금씩 익숙해지도록 합니다. 양치하는 순서를 그림이나 노래를 이용해 즐겁게 할 수 있도록 연구합니다.

**프로그램  양치하기**

### (1) 양치하는 감각에 익숙해지기

본인의 입안을 만지는 것을 극도로 싫어하는 아이는 먼저 입 주변을 가볍게 두드리거나 마사지해주는 것부터 시작합니다. 양치하는 동영상이나 그림책을 보여주고, 직접 시범을 보이는 것도 효과적입니다.

입 안에 칫솔을 넣는 것을 싫어한다면 어른이 손가락에 가제수건을 씌워서 아이 입 안에 조금만 넣는 것부터 시작할 수도 있습니다. 조금씩 시간을 길게 하면서, 이와 잇몸을 문지르는 자극에 익숙해지도록 합니다.

이 방법에 익숙해진 뒤 칫솔을 사용합니다. 이때도 뺨을 누르는 것부터 시작해서 잇몸까지 조금씩 익숙해지게 하는 것이 중요합니다.

### (2) 칫솔로 이 닦기

칫솔을 입안에 넣을 수 있게 되어도 아이 혼자서는 칫솔이 이에 안 닿거나, 칫솔을 입안에서 움직이는 것이 잘 안되기도 합니다. 먼저 아이와 함께 칫솔을 잡고 어떤 방향으로 움직여야 하는지 손을 잡고 움직이며 가르칩니다. 조금이라도 움직이는 것이 가능해지면 많이 칭찬해줍니다. 스스로 움직일 수 있게 되면 칫솔을 이에 맞출 때 손을 얹어서 유도하는 정도로 도와줍니다. 또 어른이 손을 잡고 양치할 때 어느 정도 참고 있으면 될지 끝을 알 수 있도록 수를 세는 등의 방법을 쓰면 아이가 더 잘 참을 수 있습니다.

### (3) 양치 순서를 기억하기

칫솔로 양치하는 것이 가능해져도, 양치하기 쉬운 곳만 계속 닦는 경우가 있습니다. 전체를 다 양치할 수 있도록 순서를 가르칩니다. 처음부터 전부를 양치하도록 하는 것이 아니라 스스로 양치하는 곳을 조금씩 늘려갈 수 있도록 하는 것이 포인트입니다.

따라하기나 언어적인 촉구만으로 어려운 경우에는 아래 그림처럼 양치하는 순서의 그림을 세면대에 붙여놓습니다. 처음에는 그림을 보면서 어른이 손을 잡고 닦습니다. 익숙해지면 어른은 조금씩 손을 떼고, 스스로 그림을 보면서 모든 곳을 양치할 수 있도록 합니다.

양치하기 순서에 맞춘 노래를 만들어 리듬에 맞게 움직이면서 습관화할 수도 있습니다.

양치 순서를 기억할 수 있도록 그린 그림의 예

|||| 생활 스킬 ||||||||||||||||||||||||||| 08 ||||||||||||||||||||||||||||||||||||||||||

# 목욕하기

· **목표**

몸이나 머리를 감는 등, 욕조에서의 습관을 길러주는 것입니다.

· **유의사항**

아이가 욕조에 들어가는 것을 싫어하는 경우에는 좋아하는 장난감으로 유인하거나, 싫어하는 원인을 찾아서 환경을 정비해줍니다. 또 몸을 씻는 스펀지나 타월도 잘 고려해서 아이가 부담 없이 몸과 머리를 씻을 수 있는 방법을 연구합니다.

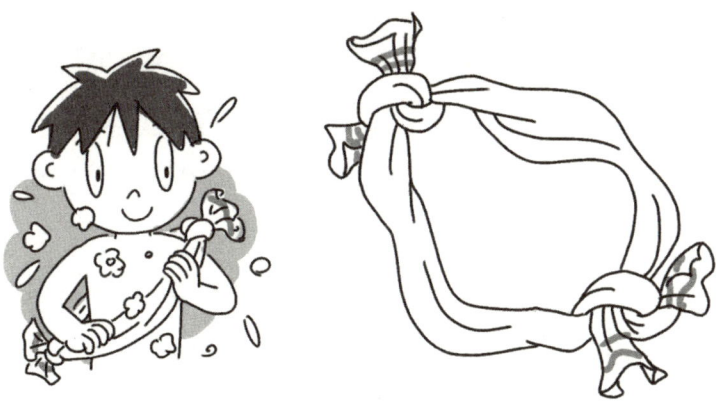

수건 두 개를 묶어서 고리 모양으로 하면 혼자서도 등까지 씻을 수 있습니다.

| 프로그램 | **목욕하기** |

### (1) 욕조에 들어가는 습관 기르기

욕조를 싫어하는 아이에게는 어떤 점이 싫은지 확인하는 것, 욕조로 유인할 수 있는 방법을 연구해야 합니다. 물의 온도가 너무 뜨겁지 않은지, 조명이 너무 어두운 것은 아닌지 등 화장실 환경을 세심히 확인합니다.

그래도 욕조에 들어가려 하지 않으면 자기 전에 따뜻한 물에 적신 수건으로 몸을 닦아줍니다. 이 방법에 익숙해지면 샤워기로 손발을 적시는 것부터 조금씩 따뜻한 물을 온 몸에 적실 수 있도록 연습합니다.

### (2) 몸 씻기

몸을 씻을 도구로 어떤 것이 좋을지 연구합니다. 스펀지 다루는 것이 서툴거나, 손의 힘(악력)이 약해서 스펀지를 잘 잡지 못하거나, 등을 잘 씻지 못하는 경우가 있습니다. 그럴 때는 유아용의 작은 스펀지를 사용하거나, 앞의 그림처럼 수건 두 장을 이어서 고리 모양으로 만들어 등을 닦기 쉽게 하는 등 방법을 연구해봅시다.

또 혼자 몸을 씻는 것이 가능해져도 비누 거품이 몸 구석이나 접히는 부위에 남아있는 경우도 있습니다. 이럴 때는 양치하기와 같이 사진이나 그림으로 순서를 보여주는 것도 방법입니다. 사진이나 그림을 코팅해두면 욕조에서도 사용할 수 있습니다.

### (3) 머리 감기

따뜻한 물이나 거품이 머리에 닿는 것을 무서워하는 아이들도 있습니다. 어린 아이라면 어른이 아이를 똑바로 안은 채 따뜻한 물을 조금씩 묻혀주면서 익숙해지도록 합니다. 아이가 커서 안을 수 없는 경우에는 고개를 아래로 향하는 자세로 해서 따뜻한 물이 눈에 들어가지 않을 정도로 연습을 해봅시다. 아이가 싫어하지 않는다면 샴푸캡이나 물안경을 사용하는 것도 효과적입니다.

### (4) 성기를 청결하게 유지하기

특히 남자아이는 사춘기가 돼서도 성기를 잘 씻지 못하는 아이도 많습니다. 아빠의 도움을 받아 깨끗이 잘 씻을 수 있도록 지도합니다.

생활 스킬　

# 식사하기

• **목표**

포크나 숟가락의 사용법을 스몰스텝으로 배워서 생활 스킬을 높이는 것이 목표입니다.

• **유의사항**

식사하는 장소는 아이가 주의를 뺏기지 않고, 안심하며 식사할 수 있는 장소를 고릅니다. 티비가 보이거나 좋아하는 장난감이 옆에 있으면 식사에 집중할 수 없게 됩니다.

학교 급식실이나 식당 등 사람이 많은 곳에서 먹는 것을 힘들어하는 아이도 있습니다. 아이의 모습을 잘 살펴가며 과제를 진행하도록 합니다.

미끄러지지 않도록 실리콘이나 고무로 된 테이블매트를 사용하고, 쉽게 집을 수 있는 식재료로 연습합니다.

**프로그램** **식사하기**

**(1) 식사 준비하기**

하루 세끼 중 시간적 여유가 있는 끼니부터 시작하고, 먹기 쉬운 음식을 택해 연습합니다. 아이가 배가 부를 때는 먹는 것에 대한 관심이 적어서 먹을 것으로 장난을 치는 일이 생깁니다. 식사를 시작할 때 아이가 좋아하는 음식, 예를 들어 감자샐러드만으로 연습을 하고, 그 다음은 어른이 먹이거나 자유롭게 먹도록 합니다.

그릇은 고무받침 위에 올려놔서 잘 미끄러지지 않게 합니다. 깊이가 있고 무게감이 있는 접시를 사용하면 포크나 숟가락을 사용하기 쉬워집니다. 옆 사람의 음식을 자꾸 먹는다면, 쟁반에 그릇을 모아서 올려놓는다거나 해서 자신의 것과 타인의 것을 구별하기 쉽도록 환경을 만들어주세요.

**(2) 포크 사용하기**

① 어른이 아이 손을 함께 잡은 상태에서 포크로 음식을 찍은 후, 아이 입안으로 음식을 넣어주어 먹게 도와준다.
② 어른이 아이 손을 함께 잡은 상태에서 포크로 음식을 찍고, 음식을 아이 입 앞까지 가져가게 도와준다. 아이가 혼자 음식을 입안으로 넣고 먹게 한다.

③ 어른이 아이 손을 함께 잡은 상태에서 포크로 음식을 찍는 것을 도와준다. 아이가 혼자 포크를 들고 음식을 입안으로 넣어 먹게 한다.

④ 어른이 아이 손을 함께 잡은 상태에서 포크로 음식을 찍기 전까지 도와준다. 아이가 혼자 포크로 음식을 찍은 후 들고 음식을 입안으로 넣어 먹게 한다.

어른은 아이의 상태를 보며 서서히 도움을 줄이고, 칭찬해주며 과제를 진행합니다. 연습으로 사용하는 음식으로 소세지나 당근, 사과나 바나나 등을 한 입에 먹을 수 있는 크기와 포크로 찌르기 쉬운 형태로 자르면 더 좋겠죠.

### (3) 숟가락 사용하기

① 어른이 아이 손을 함께 잡은 상태에서 숟가락을 들어 음식을 떠서 아이 입안으로 음식을 넣어주어 먹게 도와준다.

② 어른의 도움을 조금씩 줄여서 아이가 혼자 숟가락으로 밥을 먹게 도와준다.

즉, 어른이 아이 손을 함께 잡은 상태에서 숟가락을 들어 음식을 떠서 아이 입 앞까지 가져가게 도와주고, 그 다음은 음식을 뜨는 것까지만 도와주고, 그 다음에는 숟가락을 들어 그릇으로 가져갈 때까지 도와준다.

③ 아이가 혼자서 숟가락을 들어 음식을 떠서 먹게 한다.

'포크 사용하기'처럼 서서히 도움을 줄이고, 아이가 조금이라도 잘할 때는 충분히 칭찬해주는 것이 중요합니다. '숟가락 사용하기' 연습에는 밥, 찐호박, 감자 샐러드 등 숟가락을 사용하기 쉬운 것부터 진행합니다.

### (4) 편식

무리하게 입에 음식을 넣으려고 하면 절대로 안 됩니다.

아이가 편식을 하는 경우에는 맛이나 식감, 먹는 장소 등 뭐가 큰 문제인지를 먼저 파악합니다. 예를 들어, 같은 음식을 주더라도 장소에 따라서 먹거나 먹지 않는 경우도 있습니다. 사람이 많진 않은지, 시끄럽진 않은지 환경을 살피고 스몰스텝으로 지도하는 것을 유의합시다.

싫어하는 음식을 한 입 먹은 뒤 좋아하는 음식을 많이 먹을 수 있게 하면, 싫어하는 음식도 조금씩 먹을 수 있게 됩니다. 완전히 거부하지 않고 조금이라도 먹을 수 있는 음식이라면 적은 양부터 조금씩 시작해주세요. 저항이 줄어들면 서서히 양을 늘립니다.

밥이나 우유를 싫어하는 아이에게는 후리가케를 뿌리거나 코코아맛 등의 아이가 좋아하는 조미품을 사용하면 유치원이나 학교 급식 시간을 싫어하지 않게 될 수도 있습니다. 연령이 높아질수록 먹을 수 있는 음식도 많아지므로, 조급해하지 말고 먼저 숟가락 사용하기 등 식사에 필요한 스킬을 연습하는 것을 우선시 해주세요. 또 먹는 것에 대한 의욕을 잃지 않도록 주의해주세요.

||||| 생활 스킬 |||||||||||||||||||||||||||||||  ||||||||||||||||||||||||||||||||||||||

# 젓가락 사용하기

- **목표**

  젓가락을 사용하는 스킬을 스몰스텝으로 익히고, 최종적으로 식사할 때 젓가락을 사용해 먹는 것을 목표로 합니다.

- **유의사항**

  식사시간에 젓가락 사용하는 연습을 하면 배고픔 때문에 '먹고 싶다'는 생각이 먼저 들어서 연습이 잘 진행되지 않습니다. 놀이시간에 따로 연습하는 것이 좋습니다.

젓가락 연습을 놀이시간에 활용하는 예

**프로그램** 젓가락 사용하기

### (1) 핀셋 젓가락으로 연습하기

젓가락을 조작할 때는 손끝을 정교하게 움직일 수 있어야 합니다. 먼저 세 손가락(엄지, 검지, 중지)으로 잡는 것에 익숙해져야 합니다. 핀셋이나 핀셋에 나무젓가락을 붙인 것(핀셋 젓가락 : 그림 왼쪽)을 만들어서 스프링의 힘을 이용해 물건을 집는 연습을 합니다.

먼저 핀셋을 세 손가락으로 연필을 잡는 것처럼 집게 합니다. 시중에는 스프링이 붙은 교정용 젓가락도 있지만, 보통 젓가락은 물건을 집었을 때 끝이 미끄러지기 쉬우므로 처음에는 나무젓가락에 핀셋을 붙인 핀셋 젓가락으로 연습한 뒤에 시판되는 교정용 젓가락으로 이행하도록 합시다.

처음에는 놀이시간에 연습합니다. 그림처럼 아이가 좋아하는 캐릭터에게 먹이는 놀이처럼 하면 아이의 흥미가 지속됩니다. 젓가락으로 집을 물건도 미끌어지지 않는 것(적당한 크기로 자른 스펀지, 쿠킹호일을 동그랗게 만 것 등)으로 합니다. 익숙해지면 집을 물건을 서서히 작게 합니다.

이것이 가능해지면 핀셋 젓가락으로 실제 식사시간에 연습해도 괜찮습니다. 아이가 좋아하는 과자 같은, 비교적 집기 쉬운 것을 자신의 입에 넣는 것부터 시작합시다.

### (2) 젓가락 움직이는 연습하기

　핀셋 젓가락은 스프링의 힘을 이용하고 있어서 보통 젓가락으로 바꾸면 아무래도 젓가락을 곧잘 움직이지 못합니다. 핀셋 젓가락 다음에 보통 젓가락으로 바로 이행하지 말고, 시판되는 교정용 젓가락을 이용하면 좋습니다.

　교정용 젓가락 중에는 세 손가락을 넣을 고리가 있어 젓가락이 고정되는 타입이 있습니다. 그런 젓가락을 사용해서 물건을 집는 연습을 합니다. 이때도 핀셋 젓가락과 마찬가지로 놀이시간에 먼저 사용합니다.

　아이가 식사시간에도 사용하고 싶어 하면 식사시간에도 연습합니다. 고리에 세 손가락을 넣는 젓가락으로도 집을 수 있게 되면 그 다음엔 손가락을 넣지 않는 형태의 교정용 젓가락으로 연습하면 보통 젓가락으로 이행시키기 쉽습니다.

|||||  생활 스킬  |||||||||||||||||||||||||||||  ⑪  ||||||||||||||||||||||||||||||||||||||

# 정리정돈·청소

**• 목표**

정리정돈을 할 수 있도록 주변 환경을 살피고 청소하는 습관을 기르는 것입니다.

**• 유의사항**

처음에는 자신이 꺼낸 물건을 정리하는 것부터 시작하고, 이어서 청소기나 걸레를 사용해 청소하는 법을 가르칩니다. 아이가 정리하기 쉽도록 도구나 환경을 연구하고, 스몰스텝으로 지도합시다.

정리할 곳에 그림카드, 사진을 붙여 알기 쉽게 합니다.

| 프로그램 | **정리정돈·청소**

### (1) 장난감 정리하기

정리정돈이나 청소의 첫걸음은 꺼낸 장난감을 정리하는 것을 습관화하는 것입니다. 장난감 정리를 습관화시킬 때는 '밥 먹기 전에 정리하기'와 같이 규칙을 정해 반드시 지키도록 합니다. 언어적인 촉구만으로 뜻이 전해지지 않는 경우에는 그림카드로 순서를 표시하면 좋습니다.

방안에 장난감을 많이 어지르는 편이라면 카펫이나 매트 위에서만 놀게끔 놀이 장소를 제한해주세요. 정리할 때 장난감을 넣을 상자나 장소를 알기 쉽게 하는 등의 환경을 정비하는 것도 중요합니다.

정리하는 방법에도 단계를 나눌 수 있습니다. 커다란 장난감 상자를 하나 정해서 그 상자에 모든 장난감을 다 넣는 단계부터 시작해 정리하는 물건의 사진이나 그림카드를 몇 개의 상자에 붙인 후 나눠서 정리하는 단계까지 가는 식입니다. 아이에게 맞춰서 조금씩 스몰스텝을 높여가도록 합니다.

아이가 혼자서 다 정리하기 힘든 경우에는 어른이 중간까지 도와주고 나머지를 정리하도록 해서 조금씩 스스로 정리하는 양을 늘려갑니다. 이때 아이가 정리를 하면 바로 칭찬해주세요. 정리하는 도중이라도 부지런히 칭찬하는 것이 중요합니다.

### (2) 청소기 사용하기

청소기 사용법은 앞으로 살아갈 때 필요한 스킬입니다. 정리정돈하는 것이 익숙해지면 조금씩 청소기를 사용하는 방법을 가르쳐줍시다.

청소기 사용법을 가르쳐줄 때 시작 버튼을 알아보기 쉽도록 스티커를 붙여주세요. 처음에는 어른이 뒤에서 손을 잡고 도와주면서 청소기를 앞으로 움직이는 연습을 합니다. 바닥에 떨어져 있는 쿠션은 주워서 옆으로 놓기, 창문 열기 등 청소기를 사용하기 전에 해야할 일도 체크리스트 형식으로 만들어두면 좋습니다.

|||||  생활 스킬  ||||||||||||||||||||||||||||    |||||||||||||||||||||||||||||||||||||||

# 요리하기

- **목표**

  자립했을 때 혼자서 요리를 할 수 있는 것뿐 아니라 개인시간에 할 수 있는 취미 활동으로도 이어질 수 있게 하는 것이 목표입니다.

- **유의사항**

  좋아하는 음식을 스스로 만들 줄 아는 것은 앞으로 살아갈 때 큰 도움이 됩니다. 좋아하는 음식을 먹을 수 있기 때문에 비교적 몰두하기 쉬운 프로그램입니다.

레시피 카드는 과제를 가르칠 때처럼 세세하게 작성합니다.

**프로그램** 요리하기

### (1) 요리를 도와주기

어른이 요리를 하고 있으면 아이가 흥미를 가지고 가까이 오거나 같이 요리를 하고 싶어 할 때가 있습니다. 그럴 때 아이가 할 수 있을 만한 일을 시키는 등 역할을 정해주면 좋습니다. 도움은 아이의 수준에 맞춰서 설정해주세요. 예를 들어, 재료를 섞어달라고 요청하는 식입니다. 또 식칼을 사용할 수 있는 아이라면, 유아용 안전칼을 줘서 부드러운 재료를 썰게 하는 등 안전을 고려하는 것도 중요합니다.

아이가 요리를 도와주고 싶다고 말할 때는 앞치마를 하고, 손을 씻는 등의 요리 전의 위생도 언제나 함께 시행하도록 촉구합니다.

### (2) 아이가 좋아하는 것 만들기

요리할 때는 왼쪽 페이지 그림과 같이 레시피 카드를 만들어두면 아이가 알기 쉽습니다. '적당히', '충분히' 같은 애매한 표현보다는 구체적인 시간과 양으로 표시합시다. 처음엔 어른이 같이 만들면서 아이에게 레시피 카드를 넘기게끔 촉구합니다. 다음 단계에서는 아이가 스스로 넘기면서 만들 수 있도록 조금씩 언어적인 촉구를 줄여나갑니다.

그림에서는 치즈토스트를 만드는 법을 예로 적었는데, 이중에는 '토스터기의 시간을 3분으로 맞춘다'라는 순서가 있습니다. 이때 숫자를 읽지 못하는 아이에게는 토스터기나 오븐에서 3분에 해당하는 위치에 스티커를 붙여서 '스티커까지 레버를 돌린다'로 설명을 바꿀 필요가 있습니다. 또 숫자를 읽더라도 레버를 멈추게 하는 것이 어려운 아이의 경우에는 3분 부분에 스토퍼를 붙여서 멈추게 합니다. 이런 식으로 아이가 조리도구를 사용하기 쉽도록 연구해주세요.

생활 스킬 | 13

# 물건 사기

- **목표**

자판기나 매장에서 물건을 고르고 돈을 내며 물건을 사게 함으로써 사회적인 규칙을 배우게 합니다.

- **유의사항**

물건 사기는 꼭 필요한 생활 스킬입니다. 토큰으로 좋아하는 물건 사기, 심부름으로 물건을 사러 나가기 등 가르칠 내용을 잘 구성해야 합니다. 가르칠 때는 자판기를 이용할 때와 매장에서 구입할 때를 구별해서 물건 사는 순서를 세세히 나눠서 가르칩니다. 특히 매장에서 물건을 고르고 계산하는 과정은 복잡하므로 아이의 수준에 맞춰서 가르치는 것이 중요합니다.

**프로그램** 물건 사기

### (1) 자판기로 물건 사기

다음 페이지의 표처럼 자판기로 물건을 살 때의 순서를 구체적으로 나눠서 가르칩니다. 순서는 예시일 뿐이므로 아이에게 맞도록 더 구체적으로 세세하게 나누거나 좀 더 포괄적으로 해도 됩니다. 실제로 가르쳐보고 아이가 어려워하는 부분을 좀 더 구체화합니다.

처음에는 어른이 옆에서 언어적으로 촉구해주며 진행합니다. 어느 정도 할 수 있게 되면 아이가 잘 하다가 진행하지 못할 때만 언어적인 촉구로 도움을 줍니다.

| 1 | 지갑을 꺼낸다 |
| 2 | 돈을 투입구에 넣는다 |
| 3 | 원하는 상품의 버튼을 누른다 |
| 4 | 상품을 아래쪽 구멍에서 꺼낸다 |
| 5 | 잔돈을 꺼낸다 |

자판기에서 물건 사는 순서 짜기

### (2) 매장에서 물건 사기

매장에서 물건을 사는 방법 역시 아이에게 맞춰 스몰스텝으로 가르칩니다. 처음에는 '아이가 좋아하는 물건을 산다, 지갑을 열어 점원에게 계산을 부탁한다, 큰 돈을 내고 잔돈을 받는다, 정확한 금액을 지불한다, 정확한 금액이 없을 때는 넉넉하게 낸다, 심부름으로 지시받은 물건을 사가지고 온다'처럼 아이의 수준에 맞는 스텝부터 시작합니다.

심부름으로 물건을 사는 것보다 아이가 좋아하는 물건을 사게 하는 것이 더 의욕적으로 과제에 몰두할 수 있습니다. 그러므로 자신이 좋아하는 물건을 사고 돈을 낼 수 있도록 지도하고, 이후에 어른이 지시한 물건을 사오는 심부름으로 이행합니다.

돈을 지불하는 방법은 다음과 같이 지도하세요. 지갑에서 돈을 빼서 주는 것이 어렵다면 지갑을 꺼내서 점원에게 돈을 꺼내게 부탁하고 받은 잔돈을 지갑에 넣는 방법이 있습니다. 돈을 낼 수는 있지만 금액을 구별하지 못하는 경우는 1만 원권 지폐처럼 큰돈을 지갑에 넣어주고 계산대에서 큰돈을 내게 하는 방법도 있습니다.

손끝을 정밀하게 움직이기 힘든 아이는 지갑에 동전을 넣고 빼는 부분이 작으면 꺼내기 어려울 수 있습니다. 쉽게 여닫을 수 있고 동전 수납 부분이 넉넉한 지갑을 고르는 등 지갑의 모양도 고려해야 합니다.

||||| 생활 스킬 ||||||||||||||||||||||||||||||  ||||||||||||||||||||||||||||||||||||||

# 심부름하기

- **목표**

빨래 걷기, 욕실 청소 등 가정에서의 역할을 정해주고, 가족의 인정과 칭찬으로 아이에게 자신감을 길러주는 것이 목표입니다. 장래에 자립하여 생활하는 것과도 연결됩니다.

- **유의사항**

심부름이라고 해서 어른이 하기 싫은 것을 아이에게 시키는 것이 아니라 아이의 흥미와 좋아하는 것을 조합해서 심부름의 종류를 선택하게 하는 것이 중요합니다.

| | | |
|---|---|---|
| 요리 | 그릇을 꺼낸다. 가지런히 놓는다.<br>식탁을 닦는다.<br>그릇을 씻는다. 닦는다. 정리한다.<br>요리(식사, 간식)한다.<br>물을 끓인다. 차를 탄다. | |
| 빨래 | 세탁물을 빤다(세탁기 사용).<br>세탁물을 넌다. 걷는다. 갠다.<br>다림질한다. | |
| 청소 | 빗자루나 청소기를 사용한다.<br>쓰레기를 분류한다. 버린다.<br>화장실을 청소한다.<br>신발을 가지런히 놓는다. | |
| 심부름 | 지시 받은 물건을 산다.<br>신문 가지고 온다. | |
| 기타 | 화분에 물을 준다. | |

**가정에서 도움주기의 예**

**프로그램** **심부름하기**

### (1) 심부름을 선택하게 하기

심부름은 물건 사기, 청소하기, 빨래, 식사 준비나 정리하기 등 다양합니다.

아이의 흥미나 좋아하는 것에 맞춰서 심부름을 결정할 수 있게 합니다. 물놀이를 좋아하는 아이에게는 욕실 청소나 걸레질을, 먹는 것을 좋아하는 아이에게는 요리나 음식 재료 사오기를 시키는 등 심부름이 아이가 좋아하는 것을 얻을 수 있는 수단이 될 수 있도록 하면 집중력이 더 높아질 것입니다. 본인에게 직접 선택하게 하면 동기 부여가 되고 스스로 하고자 하는 의욕이 생깁니다.

또 심부름을 해냈을 때 칭찬하는 것 외에도 토큰을 사용하는 것도 좋습니다. 심부름 한 번에 1점이라고 규칙을 정해서 스티커나 도장을 정해진 수만큼 모으면 좋아하는 활동을 할 수 있거나 좋아하는 물건을 가질 수 있도록 하면 큰 동기 부여가 됩니다. 심부름을 습관화하는 것은 미래의 생활에도 연결되므로 다양하게 경험할 수 있도록 해주세요.

토큰이나 심부름에 적응이 되면 본인이 조금 힘들어하는 심부름은 2점, 간단한 심부름은 1점으로 차이를 두어 어려운 심부름에도 도전해 볼 수 있도록 합니다.

반복해서 칭찬받고 인정받으면 나중에는 보상이 따로 없어도 아이가 스스로의 성취감을 위해 심부름을 하게 됩니다.

생활 스킬　

# 금전 관리

- **목표**

  바른 금전 감각을 가지고 과소비하지 않으며 가치 있게 돈을 사용할 수 있는 것이 목표입니다.

- **유의사항**

  동전이나 지폐에는 이름이 적혀 있지 않으므로 어느 것이 내 것인지 구별하기 어려운 물건 중 하나입니다. 자기 돈, 엄마아빠의 돈을 구별하기 위해서는 집 안에 돈을 아무렇게나 놓지 말고, 각각 나눠서 관리할 필요가 있습니다.

### 프로그램 돈 관리

#### (1) 지갑 고르기

먼저 아이가 자신의 지갑을 가지고 있어야 합니다. 지갑은 똑딱이 형태나 동전주머니를 탈부착할 수 있는 형태 등 동전을 넣고 빼기 쉬운지, 목에 걸 수 있는지, 가방에 넣기 적당한 크기인지 등을 고려하여 아이에게 맞는 것을 선택합니다.

지갑 안에 동전과 지폐를 나눠서 넣을 수 있는지도 잘 살핍니다. 영수

증을 어디에 넣을지 등 각각 넣는 장소를 정해두면 더 쉽게 습득하는 아이도 있습니다.

### (2) 지갑을 두는 장소 정하기

집 안에 지갑을 놓는 장소를 정해둘 필요가 있습니다. 아이의 책상 서랍이나 벽걸이 포켓 등 집에 돌아오면 놓아둘 장소를 정합니다. 스스로 관리하기 위한 것이므로 본인 이외의 사람이 만지지 못하는 장소로 설정하는 것이 포인트입니다.

물건을 사러 가기 전에 지갑이 있는 곳으로 가서 스스로 꺼내게 하고, 물건을 사고 돌아와서는 스스로 놓아두도록 행동을 정착시켜줍시다. 처음에는 말로만 지시하고, 이해하기 어려워하는 것 같으면 지갑이 있는 장소로 데리고 가거나 손가락으로 가리키거나 하면서 스스로 지갑을 꺼낼 수 있도록 돕습니다. 잘하면 확실하게 칭찬해줍니다. 지갑을 지정 장소에 두는 연습도 같은 방법으로 합니다.

### (3) 용돈 주기

자기 지갑을 가지고 있으면 본인이 소유하고 있는 돈을 파악할 수 있습니다. 돈을 셀 수 있게 되면 지갑의 돈이 늘었다 줄었다 한다는 것을 이해하도록 지도합니다. 돈의 증감에 대해서는 용돈기입장을 쓰면 더 알기 쉽습니다. (137페이지 참조)

용돈을 줄 때는 달력에 용돈을 주는 날을 크게 표시합니다. 용돈을 건넬 때는 '스스로 지갑을 가지고 올 것', 용돈을 받으면 '스스로 지갑에 돈을 넣을 것'을 사전에 약속하고 주면 더 수월하겠죠.

단, 용돈을 줄 때 주의할 것이 있습니다. 엄마가 용돈을 건넬 때 아이의 눈앞에서 엄마의 지갑에서 꺼내서 주면, '돈은 누군가의 지갑에서 나오는 것이구나'라는 잘못된 학습을 할 수 있습니다. 용돈을 미리 봉투에 담아서 건네주어야 합니다.

용돈을 월별로 주는 것보다 매주 조금씩 주는 것부터 시작하는 것이 아이가 이해하기 쉬울 것입니다. 또 익숙해지면 심부름 횟수에 맞춰 용돈을 주는 과제를 병행할 수도 있습니다.

생활 스킬 — 16

# 용돈기입장 관리

- **목표**

  금전 관리에 관해서는 '할 수 있는 범위에서의 자립'이 필요합니다. 자립을 위해서는 용돈기입장을 사용하며 본인의 용돈을 관리하는 연습을 해두는 것이 중요합니다.

- **유의사항**

  용돈기입장 관리는 정확해야 합니다. 확실하게 날짜와 금액을 기입할 수 있도록 스몰스텝을 활용하여 가르쳐야 합니다.

**프로그램** 용돈기입장 관리

### (1) 용돈기입장 기입

지갑에 돈이 얼마나 들어있는지 매일 기입하는 것부터 시작합니다. 먼저 날짜와 금액을 기입합니다. 용돈기입장에 쓰는 것을 습관화시켜주기 위해 자기 돈을 쓰지 않은 날이나, 용돈을 받지 않은 날에도 매일 기입하게 합니다. (스텝 1)

기입하는 것이 습관화되면 항목을 늘려나갑니다. 날짜와 금액에 '산 물건', '산 물건의 금액', '받은 돈' 등 항목을 하나씩 추가해 늘려갑니다.

## 스텝 1

| 날짜 | 지갑 안의 금액 |
|---|---|
| 1/1 | 1500원 |
| 1/2 | 2000원 |
| 1/3 | 2000원 |
| 1/4 | 1700원 |
| 1/5 | 1600원 |

## 스텝 2

| 날짜 | 산 물건 | 지갑 안의 금액 |
|---|---|---|
| 1/1 | 제비뽑기 | 1500원 |
| 1/2 | | 2000원 |
| 1/3 | | 2000원 |
| 1/4 | 과자 | 1700원 |
| 1/5 | 연필 | 1600원 |

## 스텝 3

| 날짜 | 산 물건 | 산 물건의 금액 | 지갑 안의 금액 |
|---|---|---|---|
| 1/1 | 제비뽑기 | 100원 | 1500원 |
| 1/2 | | | 2000원 |
| 1/3 | | | 2000원 |
| 1/4 | 과자 | 300원 | 1700원 |
| 1/5 | 연필 | 100원 | 1600원 |

## 스텝 4

| 날짜 | 받은 돈 | 산 물건 | 산 물건의 금액 | 지갑 안의 금액 | 계산 | 확인 |
|---|---|---|---|---|---|---|
| 1/1 | | 제비뽑기 | 100원 | 1500원 | 1600원-100원 =1500원 | ○ |
| 1/2 | 500원 | | | 2000원 | 1500원+500원 =2000원 | ○ |
| 1/3 | | | | 2000원 | 2000원 | ○ |
| 1/4 | | 과자 | 300원 | 1700원 | 2000원-300원 =1700원 | ○ |
| 1/5 | | 연필 | 100원 | 1600원 | 1700원-100원 =1600원 | ○ |

### (2) 용돈기입장과 지갑의 금액 확인

최종적으로는 '날짜', '받은 돈', '산 물건', '산 물건의 금액'에 추가로 '계산' 항목을 만듭니다. '계산'은 전날에 지갑에 있던 금액에서 산 물건의 금액을 빼는 식을 기입하고, 계산의 답을 적습니다. 받은 돈이 있을 때는 더하기를 합니다. 이때 계산기를 사용해도 상관없습니다. '계산' 항목의 금액과 지갑의 금액이 일치하는지 확인하고 확인란에 동그라미로 표시합니다. (스텝 4)

**ABA를 실천해봤더니 ①**

## 식사에 대한 어려움이 즐거움으로

오카야마시 거주, 노부에 미오코 씨

아들은 불안정한 상태가 되면 식사에 대한 고집이 강해집니다. 메뉴판의 음식 이름에 특정 글자가 있거나, 콩으로 된 음식은 먹지 않는 시기가 있었습니다. 다행히도 아들은 요리를 좋아해서 전부터 오리지널 레시피 노트를 만들어 본인이 그 중에서 메뉴를 고르고, 같이 만들어보는 것부터 시작했습니다. 아들이 좋아하는 일을 하면서 가족에게 칭찬을 받는 경험이 쌓이면서 조금씩 메뉴명에 대한 고집도 줄어드는 것 같았습니다.

하지만, 언제까지나 레시피 노트에 있는 음식만 먹을 수는 없었습니다. 그래서 '한 끼 식사를 할 때마다 한 가지 요리는 본인이 좋아하는 음식을 만들지만, 나머지는 엄마의 의견을 수용하는 시기 → 다음 날 좋아하는 메뉴를 만들기로 약속하고 하루는 참는 시기 → 1주일 식단을 서로 상의하며 짜는 시기'처럼 해서 참을 수 있는 기간을 스몰스텝으로 늘려나갔습니다.

제가 한 달 치의 식단을 보여줘도 참을 수 있게 되는 것을 최종 목표로 진행했습니다. 단지 보여주는 것만으로는 재미가 없으니까 '스페셜 메뉴의 날'을 정해서 그 날은 자기가 좋아하는 식단을 요구할 수 있도록 했습니다. 스스로 요구를 할 수 있다는 것을 좋아했고, '스페셜'이라는 말의 매력, 또 가족 전원이 돌아가면서 하루씩 원하는 메뉴를 요구할 수 있도록 해서 모두가 이 과제를 즐기면서 할 수 있었습니다. 기차 장난감으로 회전초밥 놀이를 한 적도 많습니다.

 여기까지 오는데 연단위의 날들이 지났지만 이 경험으로 아이의 요리 솜씨가 는 건 말할 것도 없습니다. 또 요리를 하면서 칭찬을 많이 받을 수 있었기에, 아이도 자신감이 생겼을 것이라 생각합니다. 본인이 울거나 화내거나 할 정도의 인내를 강요받는 것도 아니고, 가족과 함께 보통의 식사를 하는 아이의 모습, 아이가 성장하는 모습을 보는 것으로 저도 많은 성공 체험을 쌓을 수 있었습니다.

# 커뮤니케이션

다양한 방법으로 모방하고 커뮤니케이션하는 방법을 배웁니다.
자신의 의사를 표현하고, 요구하고, 질문에 답하는 등
실제 커뮤니케이션 상황과 가깝게 지도할 수 있도록 소개합니다.

# 커뮤니케이션 스킬

• **모방**

자폐아이들은 언어 획득의 전제가 되는 모방에 어려움을 느낍니다. 때문에 많은 ABA프로그램에서는 커뮤니케이션 지도를 할 때 초기에 DTT(52페이지 참조)로 모방을 가르치는 과제를 도입합니다. DTT로의 모방연습은 서로 바라보고 있는 상태에서 '시범 제시 → 모방 반응 → 강화'의 흐름으로 여러 번 반복합니다. 지도는 큰 동작모방, 세밀한 동작모방, 입모양 모방, 음성모방, 단어 모방의 순서로 진행합니다.

모방 같은 DTT 언어지도과제는 아이에게 모양 맞추기나 분류 등의 동작성 과제보다 큰 부담으로 여겨집니다. "아이가 하기 싫어해서 결국 안 하게 되었다"는 말을 많이 듣게 되는데, 그만큼 학습을 정착시키기 위해서는 즐겁게 할 수 있는 방법을 궁리해야 합니다. 처음에는 아이에게 부담을 덜어주기 위해 학습 시간을 짧게 하고, 횟수도 한두 번 합니다. 그리고 시간 간격을 두고 반복합니다.

DTT로 지도할 때 의욕을 높이기 위해서 처음에는 과자 같은 것을 강화제로 시작하는 경우도 있지만, 가능한 한 '간지럼 태우기'나 '악수', '하이파이브'처럼 사람과의 관계를 통한 강화제를 사용하는 것이 좋습니다. 사람과의 관계가 강화제가 됨으로써, 요구하기나 DTT 이외의 상황에서도 모방을 자발적으로 촉진시키고, 즉각 강화해줄 수 있기 때문입니다. 최종적으로는 일상생활에서도 낯선 사람이 "굉장하다"라고 칭찬했을 때 그것 자체가 강화제가 되도록 이행하는 것입니다. 이것은 나중에 말할 '서술 기능'을 기르는 것과 연계됩니다.

이렇게 DTT로 학습한 것은 항상 일상의 놀이나 요구상황에서의 지도와 연결되도록 합니다. 예를 들어, 놀이상황에서 아이가 내는 소리를 역모방(어른이 아이의 발성을 따라하는 것)해서 발성의 빈도를 높이거나, 간식시간이나 놀이시간에 원하는 것을 요구하는 상황에서 어떤 동작이나 발성을 모방하게 하는 것(주스라면 마시는 동작) 등을 생각해볼 수 있습니다.

### • 보완 대체 의사소통

아이에 따라 모방 자체가 어렵거나, 동작모방에서 음성모방으로의 이행이 어려운 아이들이 있습니다. 이런 아이에게는 언어 이외의 방식으로 '대체'하거나 '보완'할 수 있게 커뮤니케이션을 가르칩니다. 즉 실물이나 사진·그림카드를 선택하게 하거나 동작으로 요구하는 것입니다. 이것을 '보완 대체 의사소통(AAC, Augmentative Alternative

Communication)'이라고 합니다. 모방 지도와 병행하며 진행해도 상관없습니다.

카드나 동작으로 커뮤니케이션하는 방법을 배우면 나중에 언어를 배우는 데 악영향을 미칠거라 걱정하는 부모도 있는데 그렇지 않습니다. 오히려 보완 대체 의사소통이 언어 획득을 촉진시키는 요인이 된다고 많은 연구를 통해 밝혀졌습니다.

• **일반화와 자발**

집에서 커뮤니케이션 지도를 할 때 아이의 어휘를 늘리는 것만을 목표로 하는 분들이 있습니다. 사용할 수 있는 어휘가 늘어나는 것은 분명 기쁜 일입니다. 하지만 풍부한 어휘력을 가지고 있으면서도 학습 상황에서만 표출될 뿐 일상생활에서는 표출되지 않는 케이스도 있습니다. 커뮤니케이션의 일반화나 유지, 자발성에 따른 문제입니다. 일반화의 문제는 ABA나 DTT 같은 지도법의 문제가 아닙니다. 자폐증과 관련된 모든 지도법이나 교육법이 안고 있는 공통의 문제입니다.

자폐아이는 요구기능(하고 싶다/하고 싶지 않다)에 관한 커뮤니케이션은 생각보다 빨리 획득합니다. 하지만 서술기능("저기에 멍멍이가 있어")이나 보고 기능("오늘 학교에서 이런 일이 있었어")과 같은 커뮤니케이션은 힘들어합니다.

특히 지적장애를 동반하는 자폐아이의 경우, 자신이 요구하는 상황에서는 "주스"라고 말하지만 보고 상황이나 질문하는 상황에서는 말하지 못하곤 합니다. 반대로 그림카드를 보여주면 "주스"라고 답하지만, 실제로 목이 말랐을 때 "주스"라고 말하며 요구하지 못할 수도 있습니다. 이런 차이를 ABC 분석으로 표시해보면 아래와 같습니다.

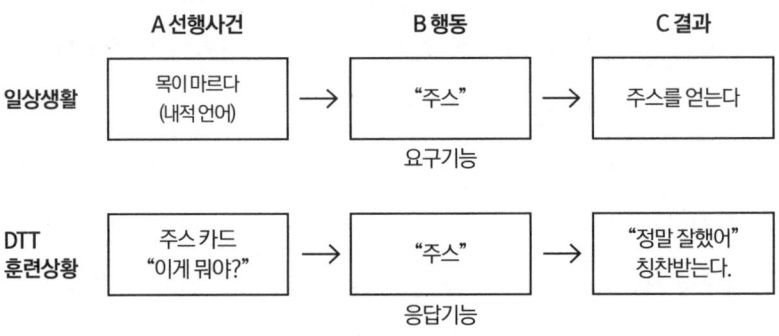

즉, 같은 '주스'라는 단어(언어행동)여도 그림처럼 선행사건이나 결과가 다르면 행동이 늘어나기가 힘듭니다. 따라서 초기에는 DTT를 이용한 모방이나 매칭결과로 '발화'나 '관계성'을 학습하고, 그 다음에 요구하기나 보고하기, 질문에 관한 응답 등 실제 커뮤니케이션 상황과 가까운 문맥으로 다양한 언어를 사용할 수 있도록 합니다.

- **일상생활에서의 사용**

본서에서는 커뮤니케이션의 영역에 관해 가정에서 지도하기 쉬운 것을 중심으로 이야기하고 있지만, 추상명사나 2어문, 3어문, 형용사나 동사도 같은 방법으로 DTT 매칭과제 등을 이용해서 지도할 수 있습니다. 그리고 다시 한 번 말씀드리지만, 이것을 다양한 일상생활에서 자주 사용하는 것이 중요합니다. 예를 들어 '가족이나 친구의 이름을 말한다'가 사진카드로 가능하게 되면 일상생활에서 "아빠한테 전해주고 와"라고 말하며 심부름을 시키거나, "아빠 불러줄래?", "아빠랑 할머니한테 주고 와", "아빠한테 '밥이요'라고 말하고 와" 등 이해할 수 있는 동사의 갯수나 인지발달에 맞춰서 다양한 과제로 발전시킬 수 있습니다. 퀴즈나 게임을 활용하는 방법도 있습니다.

커뮤니케이션 영역은 굉장히 넓기 때문에 본서에서 모든 것을 다 설명할 수 없고, 과제에 따라서는 인지·학습영역과 구별하기 힘든 것도 있지만, 이때도 책상 위(학습 상황)에서 일상생활로 이행하는 원칙은 같습니다. '기분의 이해'를 가르친다면 책상에서 매칭과제로 획득한 다음에 일상생활에서 일어나는 일 중에 아이의 표정이나 몸짓으로 나타나면 "기쁘구나", "힘들구나" 등 아이의 기분을 읽어 감정을 표출하는 방법을 가르치는 것이 효과적입니다.

- **회화 지도**

말을 비교적 잘하는 아이 중에도, 말을 주고받지 못하고 본인이 흥미가 있는 이야기만 일방적으로 말한다거나, 질문에 정확하게 대답하기 힘들어하는 아이가 있습니다. '자기소개'나 '전화 응대' 등 일정한 패턴이 있는 회화는 역할놀이를 이용해서 가르칠 수 있습니다.

질문에 대해 잘 대답하지 못할 때는, "한 번 더 말해(주세요)" 등 상대에게 힌트를 얻을 수 있는 커뮤니케이션 스킬을 가르쳐주세요. 누구나 마찬가지지만 사람은 모든 것을 혼자서 다 할 수 없습니다. 커뮤니케이션 스킬 중에서도 다른 사람에게 요구하고 부탁하고 기대는 스킬은 앞으로 살아가면서 매우 필요한 스킬입니다.

|||||| 커뮤니케이션 스킬 ||||||||||||||||||||||||  **17**  ||||||||||||||||||||||||||||||||||||||||||||||

# 모방

- **목표**

    모방은 커뮤니케이션의 기초적인 스킬입니다. 타인에게 주목하기, 주목하는 시간 늘리기, 상대의 행동이나 말을 모방하는 것이 목표입니다. 큰 동작부터 세밀한 동작, 입 모양이나 음성모방까지 할 수 있도록 진행합니다.

**프로그램** **동작모방**

- **유의사항**

    시작하기 전 아이가 이쪽에 주의를 기울이고 있는지 잘 살핍니다. 아이의 레퍼토리(아이가 할 수 있는 행동) 안에 있는 동작부터 시행해주세요. 모방을 성공하면 즉시 칭찬하며 아이가 좋아하는 신체놀이를 강화제로 제시해주세요. 동작모방은 아이에게는 상상 이상으로 부담이 큰 과제입니다. 무리하지 말고 과하게 하지 않도록 주의해주세요.

**(1) 큰 동작모방**

처음에는 어른 둘이 도와주는 것이 좋습니다. 아래 그림처럼 한 명은 아이와 마주 앉아서 동작 지시를 하는 역할, 나머지 한 명은 아이의 뒤에서 필요할 때 아이의 동작을 도와주는 역할을 합니다.

　동작 지시를 하는 사람은 아이가 주목할 수 있도록 시선을 맞추기 쉬운 환경을 연구해야 합니다. 아이를 의자에 앉혔다면 아이의 눈높이에 맞춰서 어른이 바닥에 앉는 것도 한 방법입니다.

　지시자 역할을 하는 사람은 아이가 자신을 잘 보고 있을 때 동작을 합니다. 사전에 아이가 좋아하는 신체놀이를 충분히 하고, 직접 행동이나 눈맞춤이 가능한 상태가 됐을 때 동작모방을 시행합니다. '높이높이'를 좋아하는 아이라면, 먼저 '높이높이'를 몇 번 진행합니다. 더 하고 싶어 하는 아이를 바닥에 내려놓으면 아이가 가까이 다가오거나 더 하고 싶다고 요구합니다. 그 때 동작모방을 하는 것입니다. 동작모방을 성공하면 바로 '높이높이'를 하거나 칭찬을 해주세요.

　아이가 모방을 힘들어하면 뒤에 있는 어른이 손을 잡고 도와줍니다. 양손을 머리에 올리는 동작모방을 할 경우, 처음에는 어른이 아이의 양

아이 뒤에 있는 어른은 가볍게 신체적 촉구를 합니다.

손을 잡고 머리에 올려줍니다. 그 동작이 가능하게 되면 다음은 손을 중간까지만 들어주고, 그 다음에는 팔꿈치를 조금 들어주는 등 조금씩 도움을 줄여서 혼자서도 할 수 있도록 합니다.

　타인의 동작을 보고 따라하는 것이 목표이므로 시행할 때 지시하는 동작은 아이가 할 수 있는 행동 중에서 골라 진행해주세요. 처음에는 악수나 하이파이브 같은 것이 좋습니다. 또 하나의 동작만 계속하게 되면 타인을 보고 따라하는 것이 아니라, 이 상황에서는 이 동작을 하면 되는구나 하고 학습해버립니다. 따라서 아이의 레파토리 안에 있는 동작 중 두 가지 이상을 무작위로 섞어서 제시하는 것이 중요합니다.

　큰 동작으로는 하이파이브의 발 버전으로 양발을 맞추게 하거나, 손 머리, 손 배, 손 어깨, 손 무릎 등이 있습니다.

### (2) 물건을 사용한 모방

　장난감을 사용해 움직임을 따라하게 하는 방법입니다. 예를 들어 작은 북을 두드린 후에 스틱을 아이에게 넘기며 따라하게 하는 것입니다. 아이가 큰 동작모방보다 물건을 사용한 모방을 더 잘 받아들이는 경우도 있으니, 아이가 몰두하기 쉬운 것부터 시작해주세요.

### (3) 세밀한 동작모방

　큰 동작모방이 잘 되면 세밀한 동작으로 스텝업 시킵니다. 눈, 코, 귀,

입 등의 얼굴 부위를 만지는 동작이나 1, 2, 3이나 가위, 바위, 보와 같은 손가락의 움직임 같은 것입니다.

### (4) 연속동작모방

아이의 주의집중 시간을 늘리기 위해 가능한 동작을 연속해가며 진행합니다. 먼저 큰 동작모방을 하고, 성공하면 세밀한 동작의 연속모방으로 이어갑니다. 지시를 하는 사람이 동작을 멈추면, 아이에게 그 동작을 따라해보라고 지시합니다.

### (5) 손 유희

노래를 좋아하는 아이에게는 친근해지기 쉬운 과제입니다. 좋아하는 노래로 다양한 변화를 줘서 아이가 주목하기 쉽도록 촉진해줍니다.

**프로그램** **음성모방**

- **유의사항**

역모방이나 확충 모방은 아이와 놀이를 하면서 음성을 골라내는 것이 포인트입니다. 입 모양을 따라하거나 날숨 조절하기 등은 자리에 앉아 아이의 주의를 끌어낸 후에 해야 합니다. 아이에게 맞춘 형태부터 시작해봅시다.

동작모방과 마찬가지로 아이가 싫어하지 않도록 무리하지 말고, 과하지 않게 하도록 주의를 기울여 주세요. 입모양 모방, 날숨 조절, 동작을 동반한 음성모방은 DTT이고 그 외는 일상생활이나 놀이상황에서도 진행할 수 있습니다.

**(1) 역모방(어른이 아이의 발성을 따라하는 것)**

아이가 소리를 내면 그게 어떤 소리라도 즉각 똑같이 따라해주세요. "아~"라고 하면 "아~", "바~바~"라고 하면 "바~바~"처럼 말입니다. 목소리 뿐만 아니라 동작을 따라해도 좋습니다. 아이가 "탁탁" 하면서 책상을 치면 어른도 똑같이 "탁탁" 쳐주세요. 반복하는 와중에 소리를 내는 빈도가 높아지거나 목소리가 커집니다.

아이의 발성이 커지면 놀이 상황에서 역모방을 이용한 회화를 해봅시다. 아이가 소리를 내면 그것을 어른이 따라하고, 또 아이가 소리를 내면 그 소리를 어른이 따라하는 것을 반복하는 것입니다.

역모방을 하면 아이가 마치 그것을 의식하는 것처럼 어른 쪽을 쳐다보게 됩니다. 따라할 때마다 어른을 보게 되면 그 다음은 아이가 어른을 보고 따라하기를 할 수 있도록 조금씩 타이밍을 늦춰보는 것도 좋습니다.

### (2) 확충 모방

역모방으로 발성이 증가하고, 아이가 어른의 역모방을 의식하게 되면 다음엔 확충 모방으로 넘어갑니다. 확충 모방이란, 아이의 발성을 어른이 바른 표현으로 고쳐서 돌려주는 것입니다. 예를 들어 아이가 엄청 좋아하는 초콜릿을 보며 "우~에오"라고 말한다면, 어른은 "주세요"로 고쳐서 말해주는 것입니다. 요구상황에서 하면 더 진행이 잘 됩니다.

### (3) 입모양 모방

동작모방에서 세밀한 동작모방이 가능해지면 입모양 모방으로 이행합니다. 이것은 음성모방의 기초가 됩니다. 입 벌리기, 입술 오므리기, 혀 내밀기 등이 있습니다.

### (4) 날숨 조절

빨대나 종이 조각, 피리나 나팔, 코끼리피리 같은 장난감을 사용해서 숨을 내쉬는 연습을 합니다. 결과가 바로 보이는 재료나 도구를 사용하는 것을 추천합니다.

### (5) 동작을 동반한 음성모방

아이에게는 음성모방만 하기보다는 동작을 동반한 모방이 더 쉽게 느껴지는 경향이 있습니다. 양손을 입에 대고 "야~호", 양손의 검지로 입을 벌리며 "이~", 손으로 입을 막았다 뗐다 하면서 "아~바~바~" 하기, 검지를 입 앞에 대고 "쉿"이라고 말하기 등이 있습니다. "메~롱" 등 혀를 움직이는 모방도 필요합니다. 그림을 참고하여 다양한 패턴을 만들어 시행해보세요.

동작을 동반한 음성모방의 예

### (6) 정해진 문구

"출발!", "하나~둘~ 셋!" 등의 정해진 문구를 요구상황에서 동작과 맞춰서 사용해보세요. 예를 들어 좋아하는 신체놀이를 할 때 "하나~둘~셋!" 하고 신호를 주고 신체놀이를 하고, 그것을 반복하면서 "하나~둘~" 하고 둘과 셋 사이에 시간간격을 둡니다. 강제적으로 하지 말고

"셋"에 가까운 소리가 나오도록 기다리면서 합니다.

### (7) 물건의 이름 모방

처음에는 요구상황에서 이용하는 것이 좋습니다. 예를 들어 사과를 좋아하는 아이가 사과를 요구했을 때, "사과"라고 말하는 시범을 보이고 모방을 촉구합니다. "사과"라는 단어의 모든 음절을 모방하는 것이 어려운 경우 소리내기 쉬운 "가(과)"만 모방하게 하는 것부터 시작합니다.

요구상황에서의 모방이 가능해지면, 음성(물건이름)과 물건이 일치하는 단어로 발전시켜나갑니다. 실물이나 그림카드를 이용하면 편리합니다.

##### 커뮤니케이션 스킬

# 18 실물의 선택 요구

- **목표**

    모방을 어려워하는 아이도 할 수 있는 가장 간단한 커뮤니케이션 방법입니다. 실제 물건을 제시하고 선택하게 함으로써 요구하는 방법을 가르침과 동시에 아이가 좋아하는 것을 알 수 있습니다.

- **유의사항**

    아이가 쉽게 요구할 수 있는 상황을 설정하는 것이 중요합니다. 처음에는 원하는 물건을 검지손가락이나 손으로 가리키도록 해서 선택하는 것부터 시작합니다.

**프로그램**  실물 선택 요구

### (1) 포인팅으로 요구하기

아이가 좋아하는 음식이나 장난감을 준비합니다. 그것을 아이에게 전해주기 전에 아이의 손이 닿지 않게 높이 올리면서 "뭐가 갖고 싶어?"라고 말을 겁니다. 아이가 그것을 향해 손을 뻗으면 손을 잡고 검지만 나오도록 촉구해줍니다. 아이가 검지만 내밀고 가리키면 바로 장난감을 줍니다.

검지로 하는 포인팅이 어려운 경우에는 손을 뻗어서 가리키는 단계부터 시작합니다. 어른이 밑에서 아이의 팔을 잡고 올려서 손을 장난감이 있는 쪽으로 뻗게 하는 방식으로 촉구해줍니다.

어른의 촉구로 손으로 뻗기, 검지로 가리키기가 가능해지면 촉구를 시작하기 전에 조금씩 시간 간격을 두어 아이가 스스로 팔을 올리도록 기다립니다. 이때 아이가 다른 방향으로 팔을 뻗고 있으면 어른이 팔을 잡아 방향을 수정해줍니다. 이것을 반복하면 아이는 요구상황에서 정확하게 포인팅할 수 있게 됩니다.

또 원하는 물건이 조금 멀리 있어도 포인팅으로 요구가 가능해지도록 좋아하는 음식이나 장난감을 조금씩 거리를 떨어뜨려가며 연습하는 것도 필요합니다.

### (2) 포인팅으로 선택하기

아이는 자신이 좋아하는 물건이나 하고 싶은 것을 선택함으로써 하고 싶은 마음, 의욕이 길러집니다.

스스로 선택하게 하면 아이가 좋아하는 물건, 좋아하는 활동, 좋아하는 정도의 차이를 알 수 있습니다. 가장 먼저 좋아하는 물건을 선택할 수 있게 연습합니다.

아이가 좋아하는 물건을 한 가지 제시하고, 포인팅으로 요구할 수 있게 되면 두 개의 물건 중에서 선택하게 하는 연습을 합니다. 처음에는 알기 쉽도록 아이가 좋아하는 정도의 차이가 매우 큰 물건 두 가지를 제시합니다. 아이가 좋아하는 물건과 좋아하지 않는 물건을 제시하고 "어떤 것이 갖고 싶어?"라고 묻습니다. 아이가 둘 중 한 물건을 포인팅하면 바로 선택한 물건을 건네줍니다.

이때 좋아하지 않는 물건을 선택했어도 그것을 건네줘야 합니다. 아이가 좋아하지 않는 물건을 받아서 싫어하면 다시 한 번 두 개의 물건을 보여주고 좋아하는 물건을 가리키도록 촉구한 뒤 즉시 좋아하는 물건을 건네줍니다.

이 과정을 반복해서 아이가 좋아하는 물건을 포인팅하는 것이 가능하게 되면 이번에는 비교적 좋아하는 정도의 차이가 적은 좋아하는 물건 두 가지를 제시하고 어느 한쪽을 선택하도록 촉구합니다. 좋아하는 물건 두 개 중에 선택하는 것을 반복함으로써 아이가 좋아하는 것의 순위를 알 수 있습니다.

간식 선택부터 시작해서 선택을 잘하게 되면 그릇(식사시간)과 수건(목욕시간) 등 활동하면서 사용하는 실물을 가지고 활동 자체를 선택할 수 있도록 진행해나갑시다.

## 커뮤니케이션 스킬 19

# 사진·그림카드로 요구하기

- **목표**

  말을 통해 스스로 원하는 것이 무엇인지 전달하기가 힘든 아이에게 사진이나 그림카드를 사용해 요구하는 방법을 가르칩니다.

- **유의사항**

  아이가 좋아하는 과자나 장난감의 사진이나 그림카드를 사용합니다. 사진이나 그림을 잘 이해하지 못할 경우에는 실물 중에서 선택해서 요구하기를 먼저 연습합니다(157페이지 참조). 충분히 연습이 되면 다음 스텝으로 과자 사진을 붙인 카드 등 조금 덜 구체적인 물건을 가지고 연습하고, 그 다음에 사진이나 그림카드를 가지고 본 프로그램을 진행하도록 합니다.

**프로그램** 사진·그림카드로 요구하기

아이가 원하는 물건을 여러 개 준비합니다. 어른은 아이와 마주보고 앉아서 아이가 손을 뻗어 물건을 얻기 쉬운 자리에 좋아하는 물건(과자나 장난감 등)의 그림(혹은 사진)카드를 놓고 아이의 앞에는 실물을 놓습니다.

프로그램의 초기 단계에서 아이는 실물에 손을 뻗으려고 합니다. 이때 다른 어른이 아이가 카드를 집어서 눈앞에 있는 사람에게 건네줄 수 있도록 뒤에서 신체적 촉구를 합니다. 신체적 촉구는 조금씩 줄여가며 최종적으로는 혼자서 건넬 수 있도록 합니다. 아이가 카드를 손으로 건네주면 바로 실물을 전해줍니다.

아이가 카드를 건네는 것에 익숙해지면 카드의 종류를 조금씩 늘리거나, 위치를 더 떨어트려서 '카드를 가지러 갔다 와서 건네주기'가 될 수 있도록 합니다.

종류를 늘릴 때는 아이가 카드를 구별하고 있는지, 실물과 카드가 일치하는지를 확인하면서 진행해주세요. 카드를 구별하고 있는지에 대한 확인은 아이가 좋아하고 싫어하는 것이 확실한 카드를 짝으로 제시했을 때 항상 좋아하는 카드를 집는지를 보면 알 수 있습니다. 또 실물과 카드와의 매칭과제(258페이지 참조)를 하는 방법도 있습니다.

이 프로그램을 잘 진행하는 노하우는 아이가 카드를 손으로 건네줄 때 바로 요구를 들어주는 것입니다. 특히 연습개시시간에 따라 이것은 매우 중요합니다. 아이가 기다리는 것이 가능해지면 "○○(카드 내용) 여기 있어" 하면서 실물을 건네주면 언어(음성)의 이해도 깊어집니다.

"아이가 무엇을 원하는지는 아이의 표정이나 몸짓으로도 알 수 있어요"라고 말하는 부모도 많이 있습니다. 하지만 가족이기 때문에 아는 것이지 잘 모르는 사람은 아이가 무엇을 요구하는지 알기 힘들기 때문에 이 프로그램은 꼭 필요합니다. 가족 이외의 사람과도 커뮤니케이션을 정착시키기 위해서 사진이나 그림카드를 학교에서도 사용하고 간식시간에도 계속적으로 사용하는 것이 중요합니다. 또 카드를 붙이는 보드

판을 만들어서 설치해두는 등 아이가 자발적으로 카드를 가지고 요구할 수 있는 환경을 정비하는 것이 포인트입니다.

그림카드나 사진카드로 스케줄을 만들어서 사용하고 있다면 요구할 때의 그림카드와 스케줄을 병행해서 아이가 스스로 활동을 선택하거나 시간표를 짜는 연습도 가능합니다.

그림카드를 교환하는 대표적인 커뮤니케이션 프로그램으로는 PECS(Picture Exchange Communication System: 그림 교환 의사소통 시스템)라는 체계화된 프로그램이 있습니다.

| 커뮤니케이션 스킬 | 20 |

# 가족이나 친구의 이름 말하기

- **목표**

물건과 마찬가지로, 가족이나 친구에게도 이름이 있다는 것을 알고, 그 이름을 일상생활에도 말할 수 있도록 하는 것입니다.

- **유의사항**

사진을 이용해서 음성과 매칭하게 합니다. 사진으로 소통할 수 있게 되면 일상생활에서 사용하는 기회를 만드는 것이 중요합니다. 먼저 아이가 기억했으면 하는 사람의 사진을 준비합니다. 자주 만나지 않는 사람을 기억하게 하는 것은 어렵기 때문에 가까운 사람들로만 합니다. 처음에는 가족부터 시작해 가족의 이름을 말할 수 있게 되면 친구들로 넓혀가는 식으로 합니다.

**프로그램** 가족이나 친구의 이름 말하기

### (1) 사진과 실물의 매칭

사진을 준비하면, 먼저 사진과 실물의 사람을 아이가 일치하게 생각하고 있는지를 확인합니다. 각각의 사람들에게 그 사람의 사진을 가지고 가는 게임을 하면서 사진과 인물이 일치하는지를 확인해주세요. 일치하지 않는다면, 일단 일치하게 하는 연습을 먼저 해야 합니다.

### (2) 음성과 사진과의 매칭

① '음성' → '사진'의 일치

"엄마는 어느 카드야?"라고 하면 아이가 엄마 카드를 골라 전해주는 것처럼, 소리를 듣고 사진을 선택하는 연습을 합니다.

다음으로는 두 장의 사진을 나열하고, 음성으로 "○○(사람의 이름) 줘"라고 지시를 합니다. 두 장의 사진 중 적절한 사진을 골라 전달하면 성공입니다. 두 장의 카드로 선택할 수 있게 되면 카드의 장수를 늘려가며 연습해봅시다.

② '사진' → '음성'의 일치

엄마의 사진을 보여주며 "엄마"라고 말하게 하는 것처럼, 사진을 보여주고 단어로 대답하게 하는 연습을 합니다. 사진을 한 장 제시하고 "누구야?"라고 질문을 합니다. 적절한 대답을 하면 성공입니다.

①, ②의 프로그램 중 아이가 잘하는 것부터 시작해도 괜찮습니다.

### (3) 음성과 실물의 매칭

① '음성'과 '실물'의 일치

"엄마는 어딨어?"라고 물었을 때, 엄마를 선택하는 연습을 하게 합니다. 엄마를 가리키든 엄마가 있는 곳으로 가든 관계없습니다.

② '실물'과 '음성'의 일치

마지막으로 실제로 엄마를 보면서 "엄마"라고 말하는 것을 연습합니다. 처음에는 사진을 보여줄 때처럼 "누구야?"라고 지시할 필요가 있습니다. 지시를 듣고 말할 수 있게 되면 다음은 일상생활, 특히 요구하는 상황에서 부르게 하는 연습을 해봅시다. 예를 들어 주스를 요구할 때 "주스 주세요"라고 했던 것을 "엄마, 주스 주세요"로 말할 수 있도록 연습합니다.

처음에는 음성모방을 시키는 것부터 시작해서 서서히 촉구를 줄여나갑니다.

|||||| 커뮤니케이션 스킬 ||||||||||||||||||||  |||||||||||||||||||||||||||||||

# 학습을 통한 요구·보고

- **목표**

  게임 형식으로 반복학습을 통해 '요구'나 '보고'라는 서로 다른 기능의 커뮤니케이션을 습득하게 하는 것이 목표입니다.

### 프로그램  요구하기

- **유의사항**

  아이가 흥미를 갖는 것이나 자주 볼 수 있는 익숙한 물건부터 연습하는 것이 포인트입니다.

  요구에 관한 학습에는 두 가지 방법이 있습니다. 조금 떨어진 장소에 카드나 실물을 놓고, 그것을 어른의 지시에 따라 가져오거나, 놓고 오거나 하는 방법 (1)~(3)과, 두 명의 어른 중 한 명은 "○○를 받아가지고 와"라고 지시하고, 다른 한 명은 아이의 요구를 듣고 카드나 실물을 건네주는 역할을 하는 방법 (4)입니다. 전자가 언어의 표출이 없는 만큼 훨씬 간단합니다.

### (1) 그림카드를 이용한 요구의 이해

컵 그림카드를 보여주며 "컵 가지고 와"라고 지시하고 컵을 가지고 오도록 하는 것입니다. 그림카드를 보여주며 물건의 이름을 말하고 조금 떨어진 장소에 있는 그 물건을 가지고 오라고 합니다.

### (2) 음성만으로 하는 요구의 이해

그림카드를 이용한 지시가 가능해지면, 이번에는 그림카드 없이, "컵 가지고 와"라고 말로만 지시해서 연습합니다. 성공하지 못할 때는 음성 지시와 함께 컵으로 물을 마시는듯한 동작을 취하며 도움을 주면 아이가 이해하기 쉬울 수 있습니다.

### (3) 복잡한 음성 지시에 의한 요구의 이해

간단한 음성 지시가 가능해지면, 다음은 두 개 이상의 개념을 조합해서 지시("빨간 과일을 가지고 와")하며 보다 복잡한 학습을 할 수 있습니다.
상하나 좌우 등의 공간 개념, 먹을 것, 탈 것 등의 카테고리 개념과 조합해서 지시하는 것도 가능합니다.

### (4) 상대방에 대한 요구의 표출

다양한 물건을 가지고 오는 것이 가능해지면, 가지러 가는 것뿐만 아니라 가지러 간 곳에 있는 사람에게 "○○주세요(1어문이나 요구하는 동작도 괜찮음)"라고 요구하는 연습과 조합하면 보다 일상생활에서 응용하기 쉬워집니다. 처음에는 2~3미터 떨어진 상태에서 다른 한 명의 어른이 아이가 물건을 볼 수 없도록 하고 서 있습니다.

상대방이 뒤를 보고 있는 등 아이 자신에게 주목하지 않을 때는 톡톡 하고 가볍게 치거나, "저기요" 하고 말로 주의를 끌게 하거나 해서 상대방의 주의가 자신에게 향한 것을 확인한 뒤에 요구하는 방법을 가르치는 것도 중요합니다. 아이가 잘 요구하지 못할 때는 물건을 보여주거나, 물건 이름의 첫 발음을 얘기해주거나 하는 식으로 힌트를 제시해줍니다.

연습상황에서 자연스럽게 할 수 있게 되면, 연습할 때 사용한 물건을 일상생활에 도입해서 시도해보세요. 연습상황 뿐이 아닌, 일상생활에서 할 수 있는 것이 목표입니다.

## 프로그램 보고하기

- **유의사항**

가까운 거리에 있는 카드나 실물을 보고 와서 전달하는 것부터 시작합니다. 이때, 아이가 읽고 있는 물건을 가지고 시도하는 것은 물론이거니와, 좋아하는 물건이나 카드를 이용하면 '요구'처럼 되버립니다. 극단적으로 좋아하는 것도 싫어하는 것도 아닌 중립적인 물건을 사용해주세요.

거리나 보고하기까지 걸리는 시간 등은 단계를 두고 조금씩 스텝업 시켜가는 것이 중요합니다. 요구 상황이 아니기 때문에, 처음 시작할 때 아이가 전달해준 것에 대해 조금 과한 리액션으로 들어주고, 정확하게 칭찬해주는 것을 잊지 말아주세요.

### (1) 그림카드나 실물을 보고 보고하기

그림처럼 어른 한 명은 아이에게 지시를 하는 역할(지시자), 다른 어른 한 명은 조금 떨어진 거리에서 아이에게 보이지 않도록 그림카드나 물건을 가지고 있는 역할을 합니다.

먼저 지시자가 제시자를 손가락으로 가리키고, 무엇을 가지고 있는지를 보고 오도록 아이에게 지시합니다. 가까운 거리부터 시작해주세요. 아이가 지시의 내용을 이해하지 못하고 서성이고 있으면 등을 조금 밀어주거나, 같이 가거나 하면서 도움을 줍니다.

제시자는 아이가 다가오면 가능한 한 지시자에게 보이지 않도록 카드나 물건을 쓱 아이에게 보여줍니다.

카드나 물건을 본 다음에도 보고하려고 가지 않으면 제시자가 등을 밀어주거나 지시자가 손짓으로 오도록 동작을 취해주면서 도와줍니다. 아이가 돌아오면 "뭐였어?" 하고 질문합니다. 아이가 어찌해야 할지 모르고 있으면 그림카드나 물건을 살짝 보여주거나, 이름의 앞글자만 알려주는 식으로 힌트를 줍니다. 힌트를 받고 성공해도 똑같이 칭찬해줍니다.

아이가 본인이 무엇을 해야 하는지 이해할 수 있을 때까지 조금 시간이 걸리는 경우가 있는데, 아이가 지겨워하지 않고 무리하지 않도록 조금씩 힌트를 줄여가는 방법으로 시행해주세요.

혼자서 완전히 성공할 수 있게 되면, 조금씩 지시자와 제시자의 거리를 넓혀갑니다. 지시자와 제시자가 서로 다른 방에 있거나 1층과 2층에 떨어져 있는 것도 좋겠죠. 또 커뮤니케이션 연습으로 제시자가 있는 곳에 가서 "보여주세요"라고 말하게 하는 등 필요에 따라 과제를 추가해 보세요.

### (2) 행위나 활동의 보고

지시자는 아이에게 제시자가 있는 곳으로 가도록 지시합니다. 아이가 제시자 앞에 가면 간단한 활동 한 가지(그림 그리기나 볼링 등)를 합니다. 활동이 끝나면 제시자는 아이에게 지시자가 있는 곳으로 돌아가게 하고, 지시자에게 '방금 한 것'을 보고하도록 합니다.

|||||  커뮤니케이션 스킬  |||||||||||||||||||  |||||||||||||||||||||||||||||||||||||||||||||

# 네·아니요로 답하기

• **목표**
타인의 질문에 대해 "네", "아니요"로 대답할 수 있는 것이 목표입니다.

**프로그램**  요구에 관한 네·아니요

• **유의사항**
요구가 확실하고 알기 쉬운 것부터 시행해주세요. 게임처럼 즐겁게 해봅시다.

### (1) DTT로 연습(음식물)

아이가 좋아하는 과자나 음식, 싫어하는 과자나 음식을 각각 3~5개씩 준비합니다. 좋고 싫은 것이 분명한 것일수록 가르치기 쉬워집니다.

그림처럼 처음에는 좋아하는 음식을 한 가지 제시하고 "○○ 먹을래?"라고 물어봅니다. 아이가 손을 뻗으면 도와주며 '네' 카드를 집게 합니다(말을 할 수 있는 아이라면 선택하게 하고 카드를 읽도록 지도해줍니다).

아이가 카드를 전해주면 크게 칭찬하며 좋아하는 음식을 줍니다. 좋아하는 음식은 질리지 않도록 조금씩 주도록 하고, 적당히 종류를 바꿔가며 변화를 줍니다.

'네'의 지도가 확실히 잡히는 시점에 같은 방법으로 '아니요'의 지도를 시작합니다. '아니요' 카드를 전해주는 것이 가능해지면, 싫어하는 물건을 회수하고 대신 좋아하는 것을 제시하며 다시 물어봅니다. 그리고 '네' 카드를 선택하게 합니다.

둘 다 잘하게 되면 '네', '아니요'의 질문을 무작위로 섞어 연습합니다. 안정적으로 성공하게 되면 카드 없이 연습합니다. 실물을 제시한 상태에서도 할 수 있게 되면 이제는 실물 없이 말로만 물어보는 것도 도전해봅시다.

### (2) DTT로 연습(활동)

음식물로 가능하게 되면, 다음에는 활동 사진을 사용합니다. 좋아하는 활동의 사진카드, 싫어하는 활동의 사진카드를 준비해주세요. 순서는 (1)의 음식물을 할 때와 같습니다.

### (3) 일상생활

DTT로 연습한 것을 다 할 수 있게 되면 같은 질문을 실생활에서도 의식적으로 물어봅니다. 예를 들어 간식시간에 "초콜릿 먹을래?"나 "당근 먹을래?"라고 질문해보거나, 놀이시간에 "게임할래?"라고 물어봅니다.

## 프로그램 | 사실에 관한 네·아니요

• **유의사항**

카드를 사용해서 알기 쉬운 것부터 시행해주세요. 게임처럼 즐겁게 진행해주세요.

아이의 개념 이해도에 맞춘 질문을 해주세요.

### (1) 그림카드

한 장의 그림카드를 보여줍니다. 하고 싶은 의욕이 생길 수 있도록 좋아하는 캐릭터 등을 사용해도 좋습니다. 그리고 "이건 ○○야?"처럼 "네", "아니요"의 대답이 나올 수 있도록 질문합니다. 처음에는 "네", "아니요"로 적은 힌트카드를 준비하고 어느 한쪽을 선택하도록 연습해도 좋습니다. 힌트카드로 할 수 있게 되면 카드 없이도 할 수 있도록 연습해주세요.

### (2) 네·아니요 게임

'네', '아니요'로 대답하는 것이 가능해지면, 다음은 두 명이 마주보며 카드 맞추기 게임을 해봅시다.

먼저 아이가 대답하는 역할을 합니다. 아이가 그림카드를 한 장 들고 상대방에게는 보이지 않게 합니다. 어른은 아이가 "네", "아니요"로 대답할 수 있도록 질문을 하고, 어떤 카드인지 맞춥니다.

어른은 질문할 때 아이의 개념어의 이해도(색, 크기, 용도, 먹을 것, 탈 것 등의 카테고리 개념 등)에 맞게 고려해가며 질문해주세요. 예를 들어 개념어의 이해도가 낮은 경우에는 "그건 딸기니?" 하고 직접 카드를 맞추는 질문을 합니다. 카테고리 개념을 이해할 수 있는 아이에게는 "그건 과일이니?"하고 묻는 것처럼 아이가 가지고 있는 카드의 카테고리 개념부터 알려줄 수 있도록 질문합니다.

다음으로는 역할을 바꿔서 아이가 질문하는 역할에도 도전해봅시다. 이때도 직접 카드를 맞추는 질문이나 카테고리 개념 등의 질문을 할 수 있도록 도와주며 시도해주세요. 처음에는 필요에 따라 힌트카드를 사용하는 것도 좋습니다.

**(3) 일상생활**

앞의 (1), (2)가 가능하게 되면 일상생활에서도 적극적으로 활용해보세요. 먼저 현재 눈앞에 있는 물건이나 눈앞에서 일어나고 있는 일에 대해 연습을 합니다. 어떤 일 직후에 정답을 확인할 수 있는 질문부터 시작하면 좋겠죠.

그리고 이것을 충분히 할 수 있게 되면, 과거에 있었던 일에 대해서도 질문을 해봅니다. 예를 들어 "오늘은 학교에 체육시간 있었어?", "○○랑 같이 왔어?", "아빠 지금 티비 보고 있었어?" 등입니다.

| 커뮤니케이션 스킬

# 질문에 대답하기

- **목표**

타인의 질문에 적절하게 대답할 수 있게 되는 것이 목표입니다.

**프로그램** 누구, 어디, 무엇 질문에 대답하기

- **유의사항**

일상생활에 친숙한 것부터 시작합시다. 사전에 물건의 이름이나 장소, 사람 이름, 동사(먹다, 쓰다)에 대해 사진카드나 그림카드를 제시하면 말을 하는지, 여러 장의 카드 중에서 어른이 "어떤 게 ○○야?"라고 물었을 때 선택을 할 수 있는지 확인합니다. 잘 못하면 충분히 지도한 후에 본 프로그램을 시행해주세요.

### (1) 정지화면을 보며 대답하기

사진을 보여주며 질문을 합니다. 사진 대신에 그림카드나 그림책을 사용해도 좋습니다. 적절한 것을 찾기 어려우면 가족에게 도움을 받아 다양한 장소에서 일상적인 동작을 하고 있는 사진을 준비해보세요. 아빠가 거실에서 티비를 보고 있는 사진, 언니가 세면대에서 양치하고 있는 사진 등입니다.

준비가 되면, 아이에게 사진카드를 한 장 보여주며 질문을 합니다. 먼저 "누구야?", "어디야?", "뭐하고 있어?"처럼 짧고 알기 쉬운 질문을 하세요. 처음에는 답을 적은 힌트카드를 준비해 힌트카드 중에서 선택하게 하는 것도 방법입니다.

아이가 혼란스러워하며 제대로 답하지 못할 때는 먼저 '누구', '어디', '무엇'의 분류를 해보는 것도 좋습니다. 사람의 얼굴, 장소, 물건, 세 종류의 사진이나 그림카드를 동시에 제시하여 "누구야?" 하고 물어보면 얼굴이 있는 카드를, "어디야?" 하고 물으면 장소 카드를, "뭐야?" 하고 물으면 물건 카드를 선택할 수 있도록 연습합니다. 즉, '누구'는 사람, '어디'는 장소라는 것을 매칭시켜주는 것입니다.

### (2) 움직이는 화면을 보며 대답하기

사진이나 그림으로 대답하는 것이 가능해지면, 다음 단계는 영상을 보며 대답하는 것입니다. 비디오를 이용하는 경우는 (1)에서 연습한 정지화면으로 된 대답과 같은 장면을 녹화한 것을 준비합니다.

또 아이의 눈앞에 '어떤 동작을 하는 사람'을 실제로 보여주며 질문하는 것도 좋습니다.

### (3) 일상생활

(1), (2)에서 DTT로 대답하는 것이 가능해지면, 일상생활에서 적극적

으로 활용해주세요. 보고하기 활동과 조합해, 보고 와서 대답하는 형식으로 해봅시다. "아빠가 어디에 있는지 보고 와줘", "형은 누구랑 놀고 있니?" 등입니다.

    이것이 충분히 가능하게 되면 과거에 있었던 일도 대답해보는 연습을 합니다. 예를 들어 "쉬는 시간에 어디서 놀았니?", "점심은 누구랑 먹었어?" 등입니다. 어려운 경우에는 힌트로 선택지를 제시하는 것도 방법입니다.

| 프로그램 | 언제, 왜, 어떻게 질문에 대답하기 |

• 유의사항

'언제'에 관해서는 아이의 앞으로의 일정 등 일상생활과 관련된 것부터 시작합니다. '왜', '어떻게'는 특히 어려운 과제입니다. 스몰스텝으로 진행해나가는 것이 중요합니다.

## (1) 언제

'언제'라는 질문은 날짜나 시간의 이해와 관계가 있습니다. 날짜나 요일, 시간, 어제·오늘·내일 등의 개념, 시계 읽기와 같은 것을 어느 정도

달력에 일정을 적어 교재로 사용합니다.

알고 있는지에 맞춰서 스텝업시키며 진행해주세요. 처음에는 그림처럼 달력에 일정을 적은 것을 교재처럼 활용하거나, 시간과 스케줄을 적은 것을 활용하면 좋겠죠. "~~한 게 언제야?"라는 질문을 해서 적절하게 답하면 크게 칭찬해주세요.

어려워하는 경우에는 "○월 ○일?", "○요일?", "○시?" 등의 힌트를 줘 봅니다. '어제·오늘·내일'을 대답하게 하려면 달력에 어제·오늘·내일 카드를 붙여서 매일 옆으로 옮겨 붙여가며 가르쳐줍니다. 서서히 달력이나 스케줄이 없어도 대답할 수 있도록 연습합니다.

### (2) 왜, 어떻게

'왜', '어떻게'라는 질문에 대해서는 상황을 알기 쉽도록 만화나 영상

만화를 이용해 상황을 알기 쉽게 설명합니다.

을 활용해 지도를 해봅시다. 그림처럼 교재를 만화로 제시하고, "왜 접시가 깨졌지?"하고 질문해봅니다. "접시를 옮기다가 접시를 떨어트려서요"라고 대답할 수 있도록 문장의 일부분을 손가락으로 가리키며 도와줍니다.

경우에 따라서는 상황을 말이나 시각적으로 나타내는 것도 필요합니다. 알기 쉬운 것부터 조금씩 스텝업시켜 나갑시다.

| 커뮤니케이션 스킬

# 메모 보고 실행에 옮기기

- **목표**

  간단한 문장을 읽고 그것을 실행할 수 있는 것이 목표입니다. 문장을 이해하고 그 내용을 실행하는 연습이 바로 커뮤니케이션 연습이 됩니다.

- **유의사항**

  게임처럼 즐겁게 진행합시다. 간단한 문장부터 시작해주세요. 아이가 읽기 쉽도록 글자의 크기나 간격을 잘 보이게 하고, 문장의 난이도에 주의해주세요.

**프로그램** 메모 보고 실행에 옮기기

### (1) 키포인트 한 개

아이에게 편지를 전해주고, 읽고 실행하게 합니다. "○○야, 엄마가 준 편지를 읽고 도와줘", "○○야, 엄마로부터의 지령지야"처럼 심부름이나 게임처럼 시행하는 것이 좋겠죠.

제일 처음으로는 "○○(물건)을 가지고 와", "○○(물건) 줘" 등 핵심이 되는 부분이 한 개 있는 것부터 시작합니다.

### (2) 키포인트 여러 개

핵심이 되는 부분이 한 개인 문장의 실행이 가능해지면, 핵심 요소를 조금씩 늘려갑니다. 예를 들어 "△△(사람)한테 ○○(물건)을 받아 와", "△△(사람)한테 ○○(물건)을 주고 와", "○○(물건)이랑 □□(물건)을 가지고 와", "부엌에 가서 ○○ 한 개, □□ 두 개를 가지고 와" 등입니다.

### (3) 지시의 변화

받다, 건네다, 받아 오다 이외에도 "○○라고 말하고 와"라는 전언, "○○ 위에 있는 □□"이나 "○○ 옆"과 같은 장소나 위치 등, 다양한 변형을 생각해볼 수 있습니다. 다양한 패턴으로 연습해주세요.

커뮤니케이션

### (4) 역할 바꾸기

　편지를 전해주는 역과 그것을 실행하는 역을 바꿔봄으로써, 아이가 문장을 적고 전하는 연습으로 이어집니다. 제일 첫 단계로는 "○○를 가지고 와"처럼 문장의 일부를 공란으로 해서 단어만 채워서 쓰면 되도록 간단한 것부터 도입합니다. 이것이 가능해지면 조사나 동사를 선택하게 해보거나, 편지를 전한 상대가 제대로 실행하는지를 ○나 ×의 득점표를 이용해 평가하게 해보는 등 즐겁게 학습할 수 있도록 발전시켜주세요.

||||| 커뮤니케이션 스킬 |||||||||||||||||||||| 25 |||||||||||||||||||||||||||||||||||||||||||||||||

# 감정의 이해와 표출

- **목표**
자기 감정의 이해와 표출, 타인의 감정을 이해하는 것이 목표입니다. 상황에 따라 타인의 입장이 되어 그 기분을 생각합니다.

- **유의사항**
표정그림카드(성별이 다른 경우도 포함)끼리의 매칭(258페이지 참조)이 되는 것이 전제조건입니다. 차츰 자기로부터 타인에게, 나아가 상황 설정도 조금씩 복잡하게 해서 일상생활에 가깝도록 시행합니다.

**프로그램** 감정의 이해와 표출

### (1) 표정그림카드와 감정어의 매칭

먼저 제시된 여러 장의 표정그림카드에 대해, '기쁘다', '슬프다', '화가 났다'라는 지시로 적절한 것을 선택할 수 있도록 합니다. 또한 표정그림카드를 제시하여 대답하도록 하는 지도도 시행합니다.

### (2) 사진이나 실제의 표정과 감정어의 매칭

표정그림카드로 매칭이 되면, 다음으로는 실제 표정과의 매칭입니다. 그 자리에서 표정을 지어보여도 좋고, 새롭게 준비한 사진을 사용해도 좋습니다. 아이가 알기 쉽도록 과장된 표정을 사용하는 것이 좋겠죠.

매칭을 할 수 있게 되면 아이에게 "기쁜 얼굴 해봐" 등을 말하며 감정 표출을 할 수 있도록 촉진시킵니다.

### (3) 상황으로부터 감정을 추측하기

아이의 생활 중에 실제로 일어나기 쉬운 상황을 간단한 그림으로 그리고, 그것을 보여주며 질문을 합니다. 주의해야 할 것은 현재 아이가 느끼는 것을 질문해야 합니다. 혼자서 지내는 것을 좋아하는 아이에게 우리가 느끼는 감정으로 '외롭다'를 가르치면 아이가 이해하기 어렵기 때문입니다. 예를 들어 "○○는 햄버거를 엄청 좋아합니다. 오늘의 급식은 햄버거였습니다. ○○는 어떤 기분일까요?", "○○가 자전거를 타고 놀고 있는데 친구들로부터 자전거를 뺏기고 말았습니다. ○○는 어떤 기분일까요?" 등입니다.

그림을 보여주며 문맥을 설명한 뒤에 "기쁘다", "슬프다", "화난다"라는 글자카드 중에서 적절한 것을 선택하게 합니다. 같은 방법으로 표정그림카드로 선택을 하게하고, 그것을 실제로 말로 말하도록 연습합니다. 성공하면 그 표정이 지어지는 이유도 같이 가르칩니다.

또, 문맥에서 감정을 추측하게 하기 위해 그림 속 인물의 얼굴은 두루 뭉술하게 그립니다.

다음으로 타인의 감정입니다. 그림을 보여주며 상황을 설명한 뒤, 등장인물의 감정과 이유에 대해 아이가 생각해보게 합니다. 가능한 한 일상생활과 가까운 상황을 설정해 연습해주세요.

### (4) 일상생활

상황에서 감정을 추측하는 것이 가능하게 되면, 실제생활로 이행해봅니다. 심부름을 하고 칭찬받았을 때, 아빠한테 혼났을 때, 게임에서 졌을 때 등 알기 쉬운 상황에서 의식적으로 "지금 ○○는 기분이 어때?" 하고 질문해주세요.

또 형제 등이 혼나는 것을 봤을 때, "지금 ○○(형제의 이름)는 어떤 기분일까?" 하고 타인의 기분을 추측해보는 질문도 시행해주세요.

## ABA를 실천해봤더니 ②

# 사진·그림카드로 아이의 감정에 다가가다

효고현 거주 후나사카 미치요 씨

**생각하는 것을 전달함으로써 안정감이 생기다**

취학전의 아들은 발화가 없어 자신의 생각이 전달되지 않을 때는 화를 내며 물건을 던지거나 타인에게 상처를 입히곤 했습니다. 행동도 빠르고, 어떨 때는 식탁의자를 이빨 자국이 생길 정도로 물어버리기도 했습니다. 아들이 유치원에 다닐 때는 주변에 사과해야 할 일들 뿐이고, 아이와 매일 마주하고 있어도 아이의 기분을 알 수 없어 고통스러웠고 고민이 많았습니다.

하지만 걱정만 해서는 아무것도 변하지 않는다고 생각해, 대학 공개 강좌에서 그림카드로 요구하는 방법을 배운 뒤 아들이 제일 좋아했던 과자나 장난감의 사진으로 카드를 만들었습니다. 사진을 찍을 때는 주변에 같이 찍히는 것이 없는지 주의하며 아들이 보고 딱 알 수 있도록 찍고, 손으로 잘 잡을 수 있는 크기로 아들의 시선이 가는 곳을 고려하여 만들었습니다. 카드 모서리에 다치지 않도록 코팅을 한 뒤에 모서리는 둥글게 했습니다.

처음에 아들은 카드에는 전혀 눈을 두지 않고 실물에만 손을 뻗을 뿐이었습니다. 의자에 앉히는 것도 안 되고, 카드를 교환하는 것도 겨우

할 수 있는 정도였습니다. 하지만 손을 실물 쪽으로 뻗는 대신 카드를 집는 동작으로 바꾸도록 가르치고, 카드를 상대에게 넘기면 바로 요구가 들어질 수 있도록 반복했더니 카드로 시선을 옮기고 스스로 선택해서 저에게 건네주는 것이 가능하게 되었습니다.

사진이나 그림카드로 커뮤니케이션을 하는 날들이 시작되고, 제한적인 선택만 할 수 있었던 아들은 스스로 선택한 카드로 생각을 전달할 수 있게 되자 침착해지고, 타인을 해치거나 물건을 던지는 행위가 없어졌습니다.

### 사진·그림카드로 발화의 기반이 생기다

실물과 카드를 사용하는 학습을 활용해 카드를 건네고 난 뒤에 실물을 제 입가에 가져가면 아들이 제 입을 보는 것이 가능하게 되었습니다. 학습을 반복하였더니 카드를 집어서 상대에게 주고, 상대의 입을 보며 단어를 모방하는 것이 가능하게 되었습니다.

사진·그림카드를 스스로 집어서 전달한 직후, 아들이 입을 본 순간에 소리를 내어서 발화를 촉구하고, 발화가 잘 나왔을 때 바로 카드의 내용

### ABA를 실천해봤더니 ②

을 주면 단어를 모방해야지 하는 생각이 커지며, 단어의 반응도 좋아졌습니다. 아들이 저와 똑같이 발화가 됐을 때는 정말 너무 기뻤습니다.

**아이에게도, 생활에도 여유가 생기다**

사진·그림카드를 일상생활에서 지도하기 위해 학습에 달력을 도입했습니다(181페이지 참조). 아들에게 재밌는 활동의 카드를 고르게 하고, 저와 함께 달력이 있는 장소로 이동해서 카드 내용과 달력의 내용을 비추어보게 했습니다. 하루의 일과부터 시작해서 한 주간의 일정, 그 뒤 한 달의 일정으로 천천히 시간을 늘려갈 수 있었습니다.

학습지도를 할 때는 카드를 전해주면 바로 요구를 들어주는 것으로 발성연습을 할 수 있었지만, 일상생활에서의 달력으로는 바로 요구가 이뤄지지 않아도 요구한 것을 즐겁게 기다리는 것이 가능해졌습니다.

또 이렇게 될 때까지는 커뮤니케이션의 기반이 있었기 때문에 일상의 스케줄 중에서도 아들의 요구를 들어줄 수가 있었고, 새로운 스텝으로도 이어질 수 있었습니다.

사진이나 그림카드라는 공통의 언어를 도입한 것으로 엄마의 마음도 여유가 생기고, 아들의 감정에도 다가갈 수 있게 되었습니다. 항상 여러 고민을 하면서 아이를 키우고 있지만, 아들로부터 엄마를 향한 메시지가 전해지는 기쁨을 항상 느끼고 있습니다.

# 사회성

여러 사람과 하는 놀이와 게임으로
사회성의 기초가 되는 스킬을 배웁니다.
사회에서 통용되는 규칙을 배우고,
승패 의식과 감정 조절을 익힐 수 있습니다.

# 게임으로 배우는 사회성

### • 놀이나 게임으로 배우는 것

혼자 놀기에 몰두하고 있는 아이에게 장난감이나 게임을 하고자 했을 때 거부당하는 경험은 자폐아이와 놀아본 사람이라면 다 있을 법한 일이라고 생각합니다. 이러한 놀이가 힘든 배경에는 자폐증의 특징 중 하나인 흥미가 한쪽으로 치우쳐있거나 그 범위가 매우 좁다는 것이 있습니다.

게다가 이런 어려움은 요구상황 이외에 타인에게 주목하거나, 상호작용하려고 하는 자발적인 커뮤니케이션 행동이 어렵고, 타인을 모방하는 것, 감정을 이해하는 것, 충동성을 통제하는 것, 자신의 요구나 감정을 잘 전달하는 것 등 대인관계, 사회성, 커뮤니케이션의 장애라는 자폐증의 세 가지 진단기준 모두에 관련되어 있다고 볼 수 있습니다.

하지만 여러 사람과 하는 놀이나 게임에는 상대방에 주목하기, 차례를 기다리기, 상대의 움직임에 타이밍을 맞추기, 역할 바꾸기, 물건을 빌리고 빌려주기, 승패를 이해하기, 승패에 관한 감정의 컨트롤 등, 사회성의 기초가 되는 스킬이 많이 포함되어 있습니다.

또 놀이나 게임에서 규칙은 실제 사회의 미묘한 대인관계의 규칙과 비교하면 단순하고, 스몰스텝화해서 배우는 것도 가능해서 아이에게 이해시키기 쉽습니다.

· **놀이나 게임을 도입하기 전의 환경 설정**

놀이의 발달을 촉진시키기 위해서는 다른 스킬과 마찬가지로 알기 쉬운 환경을 준비해 즐겁게 반복학습을 하는 것이 필요합니다. 규칙의 이해는 시각적인 방법을 잘 활용할 수 있는 환경이 아이의 이해를 도울 수 있습니다. 그림카드나 비디오 등으로 처음에는 놀이의 흐름이나 규칙을 시각적으로 잘 보이게 두면 예측성이 증가할 뿐 아니라 아이가 멋대로 만들어버린 자기만의 규칙에 고집부리는 일도 줄어들게 됩니다.

다만, 놀이나 게임 규칙에 따르기 위해서는 스스로의 충동성을 통제하는 힘도 필요합니다. 아이에 따라 규칙 이해하기와 스스로를 통제하는 능력의 밸런스가 잘 맞는 아이도 있고 그렇지 않은 아이도 있겠지만, 더 잘하는 쪽으로 나머지 한쪽을 보완하면서 스몰스텝으로 조금씩 발전시켜나가도록 합시다.

환경을 정비하는 데 있어서는 아이의 주의를 뺏을 만한 것이 적은 장소를 선택하고 또 인원수를 적게 하는 것도 중요합니다. 새로운 놀이나 게임에 불안감을 나타내는 아이나 고집이 강한 아이의 경우에는 그 장소를 충분히 관찰하게 하거나, 기분을 좋게 할 수 있는 목소리 등을 고려하는 등 특히 사전에 환경을 꼼꼼하게 점검하고 준비하는 것이 중요합니다.

### • 좋아하는 것을 생각할 것, 좋아하는 것을 도입할 것

놀이를 강제로 하거나 혼나면서 하게 되면 더 이상 '놀이'가 아니게 됩니다. 규칙을 가르치거나 틀렸을 때 주의를 주는 것은 필요하지만, 즐거운 분위기 속에서 이루어질 수 있도록 배려해야 합니다. 이 부분은 머리로는 알고 있지만 금방 잊기 쉬우므로 각별히 주의해야합니다.

아이가 놀이를 선택할 때는 당연히 본인이 즐거운 놀이나 게임에 참여하기 쉽습니다. 예를 들어 좋아하는 캐릭터를 넣거나, 수수께끼 놀이를 할 때 답을 맞추는 의욕을 높이기 위해 마이크를 준비하는 등 다양한 방법을 생각해볼 수 있습니다.

### • 스몰스텝 도입

갑자기 집단 활동에 참여시키면 잘 따르던 지시도 따르지 못하거나, 기다리는 시간이 길어지거나, 여러 사람의 움직임 속에 본인이 어떻게 움직여야 좋을지 알기 어렵게 됩니다. 결과적으로 쉽게 이탈하거나 짜증을 내게 되고, 지적받는 일이 많아지면 집단생활 자체가 싫어지게 될 수 있습니다.

기본적인 스텝의 순서는 먼저 어른과 일대일로 상호작용하고, 역할 바꾸기를 하는 것부터 시작하여 조금씩 또래의 아이와 함께 하면서 인원수를 늘립니다. 처음엔 볼링게임이나 순환학습 같이 역할, 상대의 위치와 자신의 위치가 분명한 것이 시작하기 쉽습니다.

처음부터 모든 규칙을 가르치는 것이 아니라 단계적으로 도입합니다. 예를 들어 본서에서도 소개하는 볼링에서는 득점으로 승패를 결정하는 규칙으로 시작하는 것보다는 '①차례를 지키며 공을 굴려서 볼링핀 쓰러트리기, ②득점을 어른이 매겨주기, ③아이가 스스로 득점을 매기기, ④승패 판정도 포함해서 아이가 게임을 진행하기'와 같이 스텝업시켜가면 이해하기 쉽겠죠.

또래의 집단놀이에 참여하는 경우도 다양한 연구를 해볼 수 있습니다. 사전에 일대일로 예습을 해두는 것도 하나의 방법이고, 참여하기 쉬운 별도의 규칙을 만드는 것도 생각해볼 수 있습니다.

- **승패 의식과 감정 조절**

승패의 규칙에 관해서는 볼링처럼 볼링핀을 많이 쓰러트리면 이기는 게임, 젠가처럼 쓰러트리면 지는 게임, 카드게임에 따라 마지막에 카드를 많이 가지고 있거나 적게 가지고 있는 사람이 이기는 게임 등 다양합니다. 단순한 것부터 시작해서 서서히 체험 범위를 넓혀갑니다.

승패는 규칙의 이해뿐 아니라 그에 따른 감정 표출이나 감정 조절이 게임을 고조시키기 때문에 즐겁게 진행하기 위한 포인트가 됩니다. 자폐아이 중에는 감정 표출이 부족한 아이도 있지만, 승리에 대해서는 기쁜 감정이 생기기 쉽도록 여럿에서 칭찬해주고 간지럽히거나 안아 올리거나 승리자에게 메달을 수여하는 등 아이가 느끼는 감정을 끌어낼 수 있는 방법을 연구합니다.

승리에 집착하는 경우에는 처음에는 "지더라도 친구를 때리지 않아요" 등의 약속을 하고, 그 약속을 지키면 아주 많이 칭찬해주도록 합니다. 또 승패를 단시간에 몇 번이고 경험할 수 있는 짧은 게임으로 감정 컨트롤 연습을 충분히 하는 것이 좋겠죠.

게임에 참여하는 것이 가능해지면, 그 다음에는 게임을 하면서 곤란해 하고 있는 사람을 도와주는 행동이나 친구와 협력하는 행동, 리더십을 목표로 합니다. 게임을 하면서 잘 못하는 역할을 어른이 맡고, 그 어른에게 도움을 줄 수 있도록 시범을 보이는 등 촉구해주며 가르칩시다.

이러한 것은 주로 학교의 소집단에서 지도할 수 있습니다. 아이 한 명 한 명의 발달이나 좋아하는 것에 맞춰서 놀이의 목표를 설정하는 것이 중요합니다.

### • 혼자만의 시간을 잘 지내게 하는 것도 중요합니다

유아기에는 '모두와 함께 놀기'가 중시되지만, 성인기에서는 혼자서 지내는 시간이나 소집단에서 보내는 시간이 더 많아집니다. 혼자만의 시간을 잘, 그리고 즐겁게 보낼 수 있게 하는 것은 문제행동의 예방이나 억제와도 연결되는 중요한 스킬입니다. 이 부분에 대해서는 '사회성'을 놀이라는 활동을 통해 배우는 것을 중심으로 소개하지만, 놀이를 수단이 아닌 목적으로 생각하는 것도 중요합니다.

특히 청년기에 가까워질수록 놀이 그 자체를 즐기는 것, 취미가 많은 것은 마음의 안정에도 굉장히 중요합니다. 여러 사람과 있든, 혼자 있든 즐길 수 있도록 길게 보며 아이를 지원해줍시다.

|||| 사회성 ||||||||||||||||||||||||||||||||||  ||||||||||||||||||||||||||||||||||

# 게임으로 배우는 규칙 이해

- **목표**

  게임에 참여하고 즐기면서 역할 교대나 차례 기다리기를 학습하는 것이 목표입니다. 다양한 스킬이 짜여진 게임을 함으로써 그 스킬을 연습하는 동시에 학습한 스킬을 일반화할 수 있는 기회도 생깁니다.

**프로그램** 차례의 이해

- **유의사항**

  우선 단순한 동작을 반복하는 게임을 두세 명의 사람과 반복함으로써 순서를 이해하도록 합니다. 게임을 하면 이기고 지는 승패를 이해하는 데에도 연결됩니다.

  **(1) 해적 룰렛 장난감**

  칼을 구멍에 맞게 넣는 세밀한 손끝 조작이 필요합니다. 처음에는 둘이서, 잘할 수 있게 되면 인원을 늘려보세요. 차례를 지키는 것이 어려울 때는 "터치! 교대~ 손은 무릎에~"처럼 노래를 부르는 등 무리 없이 촉구해가며 진행할 수 있는 방법을 생각해봅시다.

### (2) 젠가

쌓여 있는 블록을 순서대로 하나씩 빼고 위로 다시 쌓는 게임입니다. 세밀한 손끝 동작, 쓰러지지 않도록 하는 집중력을 필요로 합니다. 처음에는 적은 인원으로 시작해 잘 하게 되면 조금씩 인원을 늘려가며 진행해주세요. 가능하면 주사위를 이용해 주사위를 던져서 나온 색의 블록을 빼는 규칙 등을 도입해가며 스텝업해갑시다.

## 프로그램 득점의 이해

- **유의사항**
  역할 바꾸기를 하고, 차례를 기다리고, 수를 세고, 숫자를 적고, 덧셈, 숫자의 대소, 승패의 이해 등 즐겁게 게임을 하면서 학습적인 요소를 도입해주세요.

### (1) 고리 던지기

고리를 넣기 쉽도록 처음에는 가까운 거리에서 시작합니다. 아이가 일어서서 던질 위치에 테이프로 선을 만들어두면 알기 쉽습니다.

### (2) 과녁 쏘기

명중시키기 쉽도록 처음에는 가까운 거리에서 시작합니다. 던질 위치에는 테이프로 선을 만들어 붙입니다. 숫자를 아는 아이에게는 숫자로, 수를 모르는 아이에게는 O×나 캐릭터로 득점을 알기 쉽도록 연구해주세요.

### (3) 볼링

볼링핀과 공을 준비합니다. 볼링세트를 구입해도 좋지만, 페트병이나 플라스틱 통으로 대체할 수도 있습니다. 핀을 놓는 장소에는 스티커, 공

| | |
|---|---|
| ① | 볼링핀을 스티커 위에 올려놓는다. |
| ② | 가위바위보, 혹은 제비뽑기로 순서를 정한다. |
| ③ | 공을 굴린다. |
| ④ | 쓰러진 볼링핀의 숫자를 센다. |
| ⑤ | 득점을 기입한다. |
| ⑥ | 공을 다른 사람에게 넘기고 교대한다. |
| ⑦ | 의자에 앉아서 기다린다. |
| ⑧ | 공을 받고 교대한다. |
| ⑨ | 득점표에 덧셈을 한다. |
| ⑩ | 더한 숫자의 많고 적음으로 승패를 판정하고, 순위를 정한다. |

볼링 과제분석의 예

을 굴리는 장소에는 테이프로 선을 만들어 붙입니다. 자기 순서를 기다릴 때 앉아 있을 수 있도록 의자를 두는 것도 좋습니다.

표에 대략적인 과제분석을 적었습니다(아이부터 시작하는 경우. ③~⑧을 반복).

두 사람이 시작합니다. 필요에 따라 시범을 보이거나 같이 합니다. 역할 바꾸기를 목표로 하고, 아이가 수를 셀 수 없는 경우에는 ③, ⑥, ⑦, ⑧을 반복해줍니다. 공 굴리기가 끝나면 ①을 추가합니다. 수를 셀 수 있게 되면 ④, ⑤를 추가하고, 덧셈이나 수의 대소를 이해하게 되면 ⑨, ⑩을 추가해 나갑니다.

②에서 가위바위보가 어려운 경우에는 제비뽑기를 이용해도 좋습니다. ⑤에서 숫자 표기가 어려운 경우에는 스티커를 붙이거나, 득점을 덧

**볼링 과제분석의 예**

쓰기를 해도 좋겠죠. 필요에 따라 표를 보는 법을 가르쳐줍시다. ⑥에서 교대를 할 때는 공을 주고받는 것을 신호로 하거나 "터치! 교대!"라고 언어적인 촉구를 해도 좋습니다.

준비나 정리도 같이 하는 것이 중요합니다. 점차 인원수를 늘려가며 해봅시다.

| 프로그램 | 카드게임 |

• **유의사항**

매칭 스킬이 필요합니다. 흥미를 가질 수 있도록, 또 규칙의 이해를 촉진시켜주기 위해 아이가 좋아하는 캐릭터의 카드를 사용해도 좋습니다. 처음에는 적은 매수부터 시작합니다. 다른 게임과 마찬가지로 부모와 아이가 같이 즐기는 것이 중요합니다.

### (1) 그림·숫자 맞추기

처음에는 가위바위보, 혹은 제비뽑기로 순서를 정합니다. 그 다음에 트럼프카드의 "메모리게임"처럼 카드를 섞고 한 장씩 겹치지 않게 펼쳐서 뒤집은 후에 두 장씩 뒤집어서 같은 그림이 나오면 카드를 가져가고, 한 번 더 뒤집을 수 있는 기회를 갖습니다. 서로 다른 그림이 나오면 카드를 원래대로 돌려놓고 교대합니다. 뒤집은 카드를 비교하는 것을 어려워하는 아이의 경우, 두 장의 카드를 따로 올려놓을 수 있는 종이를 준비하거나, 규칙이 적힌 종이를 제시하는 등 아이에게 맞춘 힌트를 줍니다.

교대를 하면 차례를 기다려야 하는데, 차례 기다리기가 어려운 경우에는 두 명이서 같이 하는 것부터 시작합니다. 게임이 어느 정도 진행이 되면, 획득한 카드의 장수를 세어보고, 수의 대소에 의한 승패의 판정이나 순위를 정합니다.

이렇게 흐름이 잘 잡히면 카드를 섞고 나열하는 것부터 시작해주세

사회성

요. 또 게임의 인원수나 카드의 장수를 점점 늘려갑니다.

### (2) 도둑잡기

> ① 트럼프 카드의 조커를 포함한 모든 카드를 남김없이 똑같이 나누어 준다.
> ② 차례에 맞게 옆 사람의 카드를 보지 않은 상태에서 한 장 가져온다. 가져온 카드와 함께 가지고 있는 카드 중에 같은 숫자의 카드가 있으면 버린다.
> ③ 이 과정을 반복하여 마지막에 조커를 가지고 있는 사람이 지는 게임.

먼저 상대방의 카드에서 한 장을 뽑고, 자신이 가지고 있는 카드 중에서 같은 카드가 있으면 그걸 같이 버리는 것만 되풀이하는 연습을 먼저 하고 게임을 시작합니다.

이 게임에서 주의해야 할 것은 카드를 버릴 때 가지고 있는 카드 전부를 상대에게 보이지 않게 하는 것입니다. 아이가 상대에게 카드를 보여 줘 버리면 뒤돌아서 상대방이 보이지 않게 할 수 있도록 촉구해줍니다. 또 차례를 기다릴 때에도, 다른 사람이 볼 수 없게 카드를 들 수 있도록 주의시켜주세요.

### (3) 수수께끼 카드

**준비물** 그림이 그려진 카드, 그림에 대한 설명이 있는 카드

① 그림이 그려진 카드를 바닥에 펼친다.

② 차례에 맞게 한 사람이 그림에 대한 설명이 있는 카드를 하나 골라 읽어준다.

③ 나머지 참가자들은 설명을 듣고 최대한 빨리 알맞은 그림을 찾는다.

- 아이의 수준에 따라 어른이 읽어만 주고, 아이는 찾기만 할 수도 있고, 역할을 바꿔가며 진행할 수도 있다.

아이가 의욕적으로 카드를 뽑을 수 있도록 아이가 좋아하는 카드를 사용해주세요. 획득한 카드를 세어서 승패를 판정하거나 순위를 정하는 것 뿐 아니라, 아이에게 문제를 읽게 하는 역할에 도전시켜보는 것도 좋습니다. 서서히 카드의 난이도를 높여갑니다. 자기가 좋아하는 카드를 집을 수 없어 패닉 상태가 되는 아이의 경우는 나중에 카드를 교환하는 등의 규칙을 도입하는 방법도 있습니다.

**프로그램 | 집단게임**

- **유의사항**

  많은 사람이 함께 진행하기 때문에, 보다 복잡한 규칙이나 움직임을 필요로 하게 됩니다. (1), (2)는 운동 능력이 요구됩니다. (3)은 규칙 자체는 간단하지만 주의집중력을 필요로 합니다.

### (1) 의자 뺏기 게임, 과일 바구니 게임

- 과일 바구니 게임 방법(4~9명이 진행)

  ① 술래를 가운데 앉히고 나머지는 술래를 바라보며 둘러앉는다.

  ② 아이들에게 과일 이름을 하나씩 정해준다. 이때 같은 과일을 최소 두 명 이상에게 지정해준다.

  ③ 술래에게 모두가 "무슨 과일 좋아하세요?"라고 묻는다.

  ④ 술래는 지정된 과일 이름 중에 하나를 말하거나, '과일 바구니'를 외칠 수 있다.

  ⑤ 술래가 지정한 과일에 해당하는 사람(최소 두 명 이상)은 자리를 이동해야 한다. 술래가 '과일 바구니'를 외친 경우에는 모두가 일어나서 자리를 이동해야 한다.

  ⑥ 술래는 이 틈에 빈자리에 가서 앉고, 자리에 앉지 못한 사람은 술래가 된다. 술래가 새로운 자리에 못 앉으면 다시 술래가 된다.

의자 뺏기의 경우, 먼저 인원수만큼 의자를 나열하고, 음악에 맞춰 의자 주변을 걷고, 음악이 멈추면 의자에 앉는 연습을 합니다. 연습해서 익숙해지면 원래 게임처럼 의자의 수를 줄여서 게임을 진행합니다.

또 응용편으로 과일 바구니 게임을 하는 경우도 있는데, 술래가 말로만 과일 이름을 말하는 것보다 과일 그림을 같이 보여주며 지시하면 더 좋습니다.

### (2) 무궁화 꽃이 피었습니다

술래가 앞을 보고 있는 동안에만 달리고 뒤를 돌아보면 멈추는 것을 연습합니다. 연습을 통해 가능해지면 아이가 술래 역할에 도전해보는 것도 좋겠죠.

### (3) 빙고 게임

숫자로 한정짓지 말고 색깔이나 캐릭터를 사용하는 것도 좋습니다. 또 처음에는 빙고판을 한두 종류부터 시작하면 아이도 이해하기 쉬울 것입니다.

|||||| 사회성 |||||||||||||||||||||||||||||  ||||||||||||||||||||||||||||||||||||

# 가위바위보와 승패 이해

• **목표**
가위바위보는 아이들끼리 같이 놀 때 필요한 사회 스킬입니다. 아이가 스스로 가위바위보에 참여할 수 있게 됨으로써, 놀이에 참가하고, 타인과의 상호작용이 늘고, 그에 따라 개인시간의 활동 영역을 넓힐 수 있습니다. 승패의 개념이나 규칙을 이해하고 매사를 결정하기 위한 방법의 하나로 가르칩니다.

**프로그램**  다른 사람들의 가위바위보 승패 이해하기

• **유의사항**
손 모양의 모방과 아이가 다른 사람들의 승패를 객관적으로 판정하는 것을 한꺼번에 가르치는 것보다 하나씩 하나씩 가르치는 것이 더 이해하기 쉽습니다. 무승부가 됐을 때는 승패가 결정될 때까지 해야 한다는 규칙의 이해도 중요합니다.

**(1) 손 모양 모방**

가위, 바위, 보 손 모양의 모방을 연습합니다. 어른이 '바위'라고 말하면서 주먹을 아이에게 내밉니다. 아이가 주먹을 모방하는지 확인합니

다. 가위와 보도 같은 방법으로 연습합니다. 동요에 맞춰서 가르치는 것도 좋습니다.

### (2) 그림카드를 이용한 가위바위보의 승패 이해

가위, 바위, 보의 그림카드를 가위바위보의 승패로 조합해서 바위와 가위, 가위와 보, 보와 바위의 세 가지 패턴으로 나열하고, 이긴 쪽에 스티커를 붙이거나 동그라미를 그리거나, 손가락으로 가리키게 하는 것 등부터 시작합니다. "어느 쪽이 이겼어?"라고 물어보고 승패를 이해하는 것을 목표로 합니다.

예를 들어 바위와 가위의 그림카드를 나열해서 "어느 쪽이 이겼어?"라고 아이에게 질문하고 아이가 이긴 쪽의 그림카드를 선택하게 합니다. 정답인 카드를 선택하는 게 가능해지면 칭찬해주세요. 만약 틀리면 "바위와 가위는 바위가 이긴거야"라고 알려줍니다.

먼저 하나의 패턴부터 집중적으로 가르칩시다. 하나의 패턴을 완벽하게 학습하면 다음 패턴을 집중적으로 연습합니다. 모든 패턴을 답할 수 있게 되면 세 개의 패턴을 무작위로 질문하며 연습합니다. 무작위로 할 때 많이 틀리면 다시 한 번 각 패턴부터 가르치는 것이 중요합니다.

무작위로 질문해도 바른 그림카드를 선택할 수 있게 되면, 그 다음엔 "어느 쪽이 졌어?"라고 질문을 바꿉니다. 질문을 바꿔도 바른 카드를 선택하는지 확인해주세요.

이기고 지고의 판정을 할 수 있게 되면 '무승부' 연습도 합니다. 바위와 바위 등 같은 카드를 나열하고 "무승부"라고 대답할 수 있도록 가르칩니다. '무승부'일 경우에는 다시 한 번 가위바위보를 하는 것도 알려주세요. 또 세 명 이상이 가위바위보를 할 때, 가위, 바위, 보 세 개가 다 나와도 무승부가 된다는 것을 가르칠 필요가 있습니다.

### (3) 다른 두 명의 가위바위보 승패 이해

그림카드로 가위바위보의 승패를 이해하는 것이 가능해지면, 다음은 본인 이외의 두 명이 하는 가위바위보의 승패를 판단하는 연습을 합니다. 이때 가위바위보를 하는 사람과 질문이나 촉구를 하는 지도자를 가능한 한 따로 두세요. 두 명이 가위바위보를 한 뒤, 그림카드로 지도할 때처럼 지도자가 "어느 쪽이 이겼어?" 또는 "어느 쪽이 졌어?" 하고 질문합니다.

가위바위보에서 바르게 대답할 수 있게 되면 그 다음엔 "누가 이겼어?" 하고 질문합니다. 최종적으로 "아빠가 이겼다", "○○가 이겼어" 등 누가 이겼는지를 말할 수 있게 되면 일상생활에도 활용할 수 있게 됩니다.

**프로그램** 아이가 참가하는 가위바위보 연습

- **유의사항**

아이가 가위바위보에 참여했을 때 '이기고 싶다'는 감정이 앞서서 바른 승패를 대답하지 못하는 경우가 있습니다. 혹시 혼란스러운 모습이 많이 보이면, 가위바위보의 그림카드를 같이 제시하며 바른 답을 피드백해주는 것도 하나의 방법입니다.

### (1) 본인이 참가하는 가위바위보 연습

먼저 아이와 함께 "가위바위보"를 말하면서 손을 흔들어 "보" 하는 타이밍에 맞춰 손을 내미는 연습을 합니다.

손을 낸 뒤에는 아이가 상대와 같은 모양의 손으로 바꿔버리는(모방해버리는) 경우가 있습니다. 이러한 경우에는 가위바위보의 그림카드 중에서 한 장을 "가위바위보" 하는 신호와 동시에 내밀도록 합니다.

이것이 가능해지면, 가위바위보를 하기 전에 무엇을 내밀지 스스로 정하고 그 카드를 미리 선택하게 합니다. 상대와 같은 모양으로 손을 바꿔버리면 사전에 선택해둔 카드를 보여주며 수정하도록 촉구해줍니다.

### (2) 가위바위보를 통해 차례 정하기

가위바위보를 통한 차례 정하기를 이해시키기 위해서는 그림카드와 보드를 사용하면 이해하기 쉽습니다. 다음 페이지 그림처럼 세 장의 사람 카드와 가위바위보의 손이 그려진 카드를 준비합니다. 보드①(첫 번째)에서는 세 장의 사람카드 중에 한 사람만 이겼을 경우, 보드②의 1에 이긴 사람의 카드를 붙입니다. 한명만 진 경우에는 보드②의 3 부분에 진 사람의 카드를 붙입니다.

보드①의(두 번째)에서는 첫 번째에서 남은 사람끼리 가위바위보를 합니다. 이긴 사람부터 보드②에 붙입니다. 연습시작 초기에는 어떻게 붙여야 할지 잘 모를 수 있기 때문에 계속 반복하면서 붙이는 법을 시범을 보여주고 진행합니다.

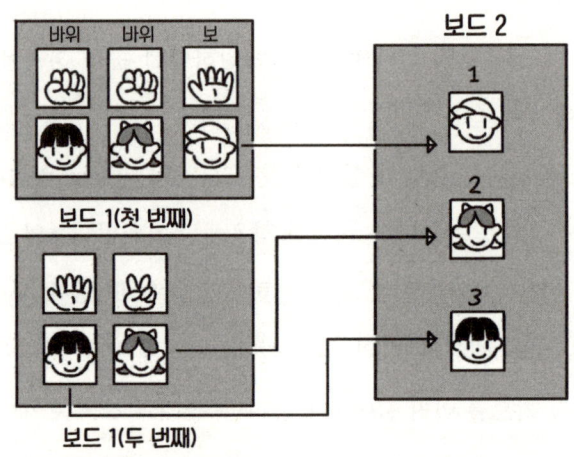

### (3) 놀이 상황에서 차례 정하기

실제 놀이 상황에서 세 명 이상이 가위바위보를 하고 차례를 정합니다. 땅따먹기나 미끄럼틀 등 한 줄로 서서 하는 놀이부터 연습합니다. 아이가 어려워하면 (2)에서 사용한 보드를 활용해주세요.

사회성

## 28 주사위 놀이

- **목표**

간단한 규칙이 있는 놀이를 통해 커뮤니케이션 방법을 연습하는 것이 목표입니다.

- **유의사항**

단순히 주사위 놀이를 하는 것이 아니라 퀴즈나 과제를 설정해서 사회적 스킬을 연습하는 기회를 많이 만들 수 있습니다. 보드판의 칸수나 상대와의 상호작용 내용은 아이의 수준에 맞게 조정합니다.

**프로그램  주사위 놀이**

### (1) 준비

주사위를 하기 위해서는 ①차례를 기다린다, ②주사위 눈을 읽는다, ③포인팅으로 6까지의 수를 셀 수 있다, 이 세 가지를 할 수 있어야 합니다. 위 세 가지가 다 가능한지 먼저 확인하고 주사위 놀이를 진행해주세요.

주사위의 눈을 세는 것이 힘들면 숫자가 쓰여진 주사위를 사용해봅시다. 게임을 진행하는 말은 아이가 좋아하는 캐릭터로 하면 아이의 의욕을 높일 수 있습니다. 자동차를 좋아하는 아이면 미니카를 말 대신 사용해도 좋습니다.

### (2) 일반적인 주사위 놀이

주사위 놀이가 처음이고 규칙을 잘 이해하지 못한다면, 처음에는 숫자가 표시된 주사위를 사용합니다. 주사위를 굴리고 나온 수만큼 앞으로 가고, 상대방 차례에서는 기다리는 것을 연습하도록 합니다.

### (3) 과제가 첨가된 주사위 놀이

수만 표시된 주사위 놀이가 가능해지면, 다음에는 주사위 눈에 적힌 지시대로 행동하는 과제가 첨가된 주사위 놀이를 연습합니다. '엄마와 하이파이브하기', '아빠 손을 잡고 방을 한 바퀴 돌기' 등과 같이 할 수 있는 것, 서로 협력해서 할 수 있는 동작을 도입함으로써 상호작용 연습을 할 수 있습니다.

또 어떤 칸에 멈추면 카드를 뽑아 카드에 적힌 질문에 대답하는 규칙을 추가해보는 것도 가능합니다. 카드에는 '아침에 친구를 만나면 뭐라고 말합니까?'나 '집에 가면 엄마에게 뭐라고 합니까?' 등의 사회적 스킬부터 '지금은 몇시 몇분입니까?' 등의 일상생활에 관한 질문까지 모두 포함할 수 있습니다. 이렇게 주사위 놀이를 하면서 지금까지 공부해 온 것을 복습하는 것도 가능합니다.

카드에는 일상생활에서 어려워하는 것, 아이가 실패하고 있는 것을 기입해서 연습할 수도 있지만, 이미 할 수 있는 것, 특히 자신있게 할 수 있는 것을 적어서 가능한 한 실패 경험을 줄이도록 합니다. 놀이를 하면서 대답을 잘할 수 있게 되는 카드는 줄이고 다른 과제를 적은 카드를 추가하는 등 융통성 있게 내용을 바꾸는 것도 중요합니다.

### (4) 참가자

주사위 놀이의 참가자를 서서히 늘리는 것도 하나의 스텝입니다. 처음에는 부모와 둘이서, 다음엔 가족 전원이 참가하고, 그 다음은 친구끼리 해보는 식으로 스텝업하며 주사위 놀이를 통해 상호협상이 가능한 사람을 늘려갑시다.

|||||  사회성  |||||||||||||||||||||||||||||||||||||    |||||||||||||||||||||||||||||||||||||

# 학교소꿉놀이

- **목표**

앉아 있는 시간을 늘리기, 지시 따르기, 앞일을 예상하며 활동하기 등이 목표입니다. 학교인 것처럼 꾸며놓고 각 스텝으로 나누어 연습합니다.

**프로그램** 학교소꿉놀이 기초 스킬

- **유의사항**

처음엔 5분 동안 쭉 앉아 있는 것을 목표로 합니다. 아이가 혼자서 할 수 있는 과제나 지시를 하면 할 수 있는 과제를 여러 개 준비해야 합니다. 또 과제를 끝낼 때마다 스케줄표에 스티커를 붙이거나 체크를 하는 등, 열심히 했다는 것을 강화시켜줍니다. 어른 여러 명이 친구 역할로 참여하여, 학교에서처럼 연습할 수 있도록 합니다.

### (1) 활동

조금만 도와주면 혼자서도 할 수 있는 과제를 준비합니다. 가위 오리기(242페이지 참조), 덧쓰기(271페이지 참조), 흥미있어하는 캐릭터의 퀴즈 등, 프린트물을 활용한 학습과제나 책읽기뿐 아니라 아이가 기뻐하는 활동을 준비합니다. 착석을 유지하는 것이 힘든 경우에는 하나의 활동을 끝낼 때마다 강화제가 되는 놀이를 하는 방법도 있습니다. 아이가 앉은 상태에서 활동할 수 있는 시간을 늘리는 것을 목표로 합시다.

### (2) 스케줄표

글자나 그림으로 활동 내용을 표시한 종이를 보여주며 아이에게 앞으로 할 활동이 무엇인지 알 수 있도록 합니다. 아이와 함께 스케줄표를 읽으면서 활동을 하나씩 확인하는 것도 좋은 방법입니다. 강화제가 되는 활동을 스케줄의 마지막에 준비합시다. 스케줄을 잘 소화하면 좋아하는 활동을 할 수 있다는 것을 미리 알려주면 아이의 의욕을 높일 수 있습니다.

> **프로그램** 학교처럼 꾸며놓고 스킬 연습하기

• **유의사항**

스케줄표를 사용하며 연습을 합니다. 어른이 여럿 있는 경우에는 선생님 역할과 친구 역할을 정합니다. 선생님 역할은 아이와 친구 역할을 하는 두 명에게 지시를 하거나 행동을 수정해주는 사람입니다. 친구 역할은 선생의 지시를 듣고 과장되게 행동합니다. 아이가 해야 할 행동의 단서가 될 수 있도록 좋은 연기자가 되어봅시다.

### (1) 자기소개

자기소개는 ①선생님 역할, ②친구 역할, ③아이 차례로 진행합니다. 자기소개 시범을 먼저 보여주면 아이가 말하는 방식이나 규칙을 이해하기 쉽습니다. 힌트를 주려면 "저의 이름은 ○○○ 입니다" 등 자기소개 문장을 종이에 적어서 보여주거나, 선생님 역할이 아이의 귀에 대고 문장의 일부를 가르쳐주는 방법도 있습니다.

같은 패턴으로 "제가 좋아하는 음식은 ○○○ 입니다" 등으로 변화를 주어 늘려갑시다.

### (2) 지시받은 것을 꺼내기, 정리하기

필통, 가위, 풀, 공책 등 과제할 때 필요한 것을 바구니에 정리합니다. 서랍이 있으면 서랍 안에 넣습니다. 각 과제의 시작과 끝에 필요한 것을 꺼내고 정리하는 것을 지시합니다. 예를 들어 한글 과제를 시작할 때 필통을 꺼내고, 과제가 끝나면 필통을 정리하는 식입니다.

매번 꺼내고 정리하는 지시가 필요한 아이는 스케줄표에 각각의 과제에 필요한 행동을 추가로 적어둡니다.

### (3) 자습시간 연습

지시나 도움이 없어도 혼자서 학습할 수 있는 과제를 준비합니다. 과제가 끝나면 "다 했어요"라고 완료 보고를 할 수 있는 것이 목표입니다. 아이가 과제를 끝내도 "다 했어요"라고 말하지 못하는 경우에는 '다 했어요'라고 적힌 카드를 책상 위에 올려놓고 카드를 가리키며 촉구합니다.

마주보고 앉은 상태에서 과제를 한 뒤 "다 했어요"라고 말할 수 있게 되면 어른은 조금 떨어진 곳에서 기다리고, 아이에게 다한 프린트물을 가지고 와서 완료 보고를 하게끔 과제를 발전시켜갑니다.

또 "잘 모르겠어요"의 연습을 하는 것도 중요합니다. 처음에는 "다 했어요"의 연습과 마찬가지로 '잘 모르겠어요', '선생님, 질문 있어요'라고 적힌 종이를 아이가 볼 수 있는 단서로 활용합니다. 아이가 "잘 모르겠어요"라고 말할 수 있게 되면, 말한 것에 대해 칭찬해주고 동시에 힌트를 주거나 정답을 알려줍니다.

### (4) 판서 따라 쓰기

따라 쓰기(274페이지 참조)가 가능한지 먼저 확인합니다. 몇 미터 떨어진 칠판에 쓰여 있는 글씨를 따라 쓰는 연습을 합니다.

처음엔 아이 바로 앞에 칠판을 두고, 서서히 거리를 두면서 쓰도록 연습합니다.

### (5) 손을 들고 발언하기

과제하는 중이더라도 선생님 역할에게 질문이 있거나 제안하고 싶은 것이 있을 때, 손을 드는 연습을 합니다. 선생님 역할이 말을 하고 있을 때 아이가 제안하고 싶은 것이 있으면, 손을 들고 있는 그림카드나 '손을 든다'라고 써 있는 종이를 주고 가리키며 촉구해줍니다.

### (6) 조회시간, 종례시간

조금 떨어진 장소(1~2미터)에서 선생님 역할이 말을 합니다. 조회시간에는 선생님 역할이 그날의 아이 스케줄 순서나 내용을 읽어줍니다. 종례시간에는 아이가 열심히 한 것에 대해 선생님 역할이 칭찬해주거나 즐거웠던 것을 아이가 발표하게 합니다.

선생님 역할은 아이가 선생님의 얼굴을 보며 이야기를 듣고 있는지를 체크합니다. 아이의 시선과 마주쳤을 때는 칭찬으로 강화해줍니다.

**(7) 친구 역할과 같이 게임하기**

　아이와 친구 역할이 게임(수수께끼 카드, 주사위 놀이 등)을 합니다. 선생님 역할은 게임의 진행을 맡습니다. 게임의 내용은 아이가 이미 이해하고 있는 것으로 합니다. 차례를 정할 때는 가위바위보나 제비뽑기를 해서 정합니다. 마칠 때 "오늘은 ○○해서 재밌었습니다"라고 스스로 감상을 말할 수 있는 것도 과제의 하나가 됩니다.

# 운동

자신의 몸을 조절하면서 움직일 수 있도록
적절하게 힘을 주고
손끝의 정교함을 익힐 수 있는
여러 가지 놀이와 게임을 소개합니다.

# 운동 스킬

자폐아이 중에는 게임 리모컨은 곧잘 조작하면서 끈으로 매듭짓는 것은 잘하지 못하거나, 걷거나 달리는 것에는 문제가 없지만 균형감각이나 평형감각이 나쁘거나, 계단이나 높은 곳에 올라가지 못하거나 자주 넘어지는 등 운동 능력이 좋지 않은 아이가 있습니다. 또 작은 동물을 살살 안으려고 생각하지만 힘이 많이 들어가거나 가볍게 치려고 했는데 세게 치게 되는 식으로 힘 조절이 어려운 아이도 많습니다.

다동성이 높아 한번 달리기 시작하면 멈출 수가 없고, 일단 주스를 마시기 시작하면 한번에 다 마셔버리는 등의 행동 조절이 어려운 아이도 있습니다.

한눈에 보면 쉽게 될 것 같다고 생각되어도 의외로 잘 수정되지 않는 부분이 이 운동영역입니다. 이것은 개인에 따라 큰 차이가 있기 때문에 자폐의 특징이라고는 할 수 없지만, 나중에 아이가 취업하거나 사회생활을 할 때에도 영향을 미치는 중요한 스킬입니다. 운동 스킬도 다른 스킬들처럼 어렵다고 느껴지고, 실패 경험이 쌓이면 학습 기회의 감소로 연결되어 결국 수행 자체가 안 되는 악순환을 불러일으킵니다.

운동 스킬을 잘 획득시키려면 실패하지 않으면서 진행할 수 있도록 스몰스텝을 설정하고 적절히 촉구하는 것, 어려워하는 운동과 좋아하는 것을 조화롭게 조합시키는 것이 중요합니다. '즐기면서 배운다'라는 것은 운동에서도 쓰일 수 있는 말입니다.

과제달성을 위해서는 사전에 조건을 어떻게 설정할지 연구하는 것과 달성한 뒤 칭찬, 토큰 등의 강화제 제시가 핵심이 됩니다. 예를 들어 매듭을 묶는 것을 가르칠 때 순서를 시각적으로 알기 쉽도록 그림카드나 시범을 보여주거나, 또는 줄넘기를 지도하는 프로그램에서 소개했듯이 신문지를 이용해 뛰기 쉬운 환경을 설정하는 등 각각의 과제를 잘할 수 있도록 연구하는 것이 중요합니다. 로봇을 좋아하는 아이에게 프라모델을 만드는 것을 가르쳐 손끝의 정교함과 치밀함을 향상시키는 사례도 있지만, 가능한 한 자연스러운 형태로 스킬을 획득하게 하는 것이 이상적입니다.

또 운동 스킬에는 게임적인 요소도 포함됩니다. 규칙 이해에 대해서는 앞서 '게임으로 배우는 사회성'에도 말했지만, 당구나 탁구를 가르칠 때도 폼을 시각적인 그림으로 보여주며 연습시키는 것 외에도 실제로 하는 동영상을 보여주고, 승패가 정해지는 플레이가 나오는 시점에서 일시정지하고 어느 쪽이 이기고 졌는지, 왜 이기고 졌는지에 대한 이유를 여러 규칙카드 중에서 선택하게 하는 지도도 있습니다. 이렇게 운동 스킬의 획득뿐만 아니라 연구 방법에 따라 프로그램의 내용을 발전시켜 나가는 것도 가능합니다.

건강하고 즐겁게 생활하기 위해서는 어느 정도의 체력이 필요합니다. 몸을 움직임으로써 스트레스를 발산시키는 것도 중요합니다. 수영장에서 헤엄치거나 자전거를 타거나 롤러스케이트를 타는 등 즐기면서 체력을 키울 수 있는 방법은 많이 있습니다.

운동은 아이의 개인시간과도 연결됩니다. 부모 모임에서 복지관 수영장을 빌리는 등, 부모들이 힘을 합쳐 안전하고 스스럼없이 운동할 수 있는 장소나 기회를 만드는 것도 하나의 수단입니다. 장애가 있어도 할 수 있는 프로그램을 제공하는 스포츠클럽에 참여해보는 것도 고려해보세요. 최근에는 가정용 게임기로 운동프로그램을 즐길 수 있는 소프트웨어도 있습니다. 바깥 활동에만 한정짓지 말고 다양한 운동 기회를 가질 수 있도록 방법을 생각해봅시다.

|||||  운동 스킬  |||||||||||||||||||||||||||||||||||||||||||||||||||||||||||||||||||||||||||||||||||||||

# 점프, 밸런스 보드

- **목표**

   다리와 허리의 유연성과 협응 동작, 신체의 밸런스라는 총체적 운동의 기초적인 힘을 기르는 것이 목표입니다.

- **유의사항**

   어른과 함께 할 수 있는 활동으로 고릅니다. 처음에는 격한 점프나 신체 접촉을 싫어하는 아이도 있습니다. 아이에게 맞는 접근 방법을 강약을 조절해가며 찾아봅시다. 손을 세게 잡아보거나 부드럽게 만져보거나, 아이에게 언어적인 촉구를 주면서 시험해봅니다. 아이가 긴장하지 않는 환경에 있을 때 운동하고 아이에게 부담이 되지 않는 정도로 진행하는 것이 중요합니다.

점프(왼쪽)와 밸런스 보드(오른쪽)의 지도 예

**프로그램** 점프, 밸런스 보드

**(1) 점프**

점프 연습을 할 때 트램폴린을 사용하거나 매트 위에 선 뒤 뛰게 합니다. 어른은 아이와 마주보고 서서 양손을 잡습니다. 아이가 손 잡는 것을 저항하면, 팔꿈치를 가볍게 잡고 "점프하자"라고 말을 합니다. 어른도 같이 점프하며 시범을 보여줍니다.

뛰어오른 두 다리의 높이가 서서히 같아질 수 있도록 손을 잡거나 언어적인 촉구를 줍니다. 손을 잡고 점프할 수 있게 되면 언어적인 촉구와 시범만으로도 점프를 할 수 있는지 확인합니다. 어려워하는 경우는 다시 손을 잡고 언어적인 촉구 중심으로 연습을 합니다.

점프가 전혀 안 되는 경우에는 20센티미터 정도의 높이에서 어른의 손을 잡고 뛰어내리는 연습을 해봅시다. 두 다리가 같이 움직이지 않아도 괜찮습니다. 뛰기 전에 무릎을 굽힐 것, 두 다리로 착지하는 것을 중점적으로 진행합니다. 도구를 이용한 신체놀이(87페이지 참조)에서 사용한 짐볼을 이용해 점프 연습을 시키는 것도 가능합니다.

**(2) 밸런스 보드**

아이를 보드 위에 서게 하고, 마주보며 양손을 잡고 균형을 잡을 수 있는 연습을 합니다. 손 잡기를 거부하는 아이가 있으면 겨드랑이나 허리처럼 아이가 거부감을 덜 느끼는 곳을 잡고 지탱해줍니다.

처음에는 몇 초 동안 서는 것을 목표로 합니다. 보드 위에 서는 것이 가능해지면, 손을 가볍게 잡는 정도로 합니다. 또 잡은 손을 일부러 당겨보고 밀어보고 하면서 아이가 재밌어할 정도로 서서히 균형을 잃게 한 다음에 바로잡을 수 있도록 연습 시킵니다.

밸런스 보드는 여러 놀이를 조합한 순환학습(231페이지 참조)으로 발전시킬 수 있습니다.

|||||| 운동 스킬 ||||||||||||||||||||||||||||| 31 |||||||||||||||||||||||||||||||||||||

# 순환학습 운동(서킷 운동)

- **목표**

여러 운동을 조합한 놀이를 하면서 기본적인 운동 스킬을 향상시키는 것과 동시에 차례 지키기 같은 간단한 규칙을 습득하는 것이 목표입니다.

- **유의사항**

넓은 방이나 야외에서 진행합니다. 구석에 아이가 앉을 의자를 두고, 거기서부터 내다볼 수 있는 범위에서 운동하기 위한 물건을 놓습니다. 그 공간에 티비나 장난감 등 아이가 좋아하는 것이 있으면 연습에 집중이 안 될 수 있으니 주의해야 합니다.

또 순환학습 운동의 마지막 활동은 강화제가 될 수 있도록 아이가 정말 즐기면서 할 수 있는 내용을 설정하는 것이 포인트입니다.

점프할 위치를 테이프로 표시해둡니다.

**프로그램** 순환학습 운동

### (1) 과제의 흐름

처음에는 아이가 잘하는 운동을 같이 섞어서 혐오감을 줄이도록 합니다. 장난감의 가짓수나 순환코스의 길이는 공간에 맞춰 조절합니다. 처음에는 한두 개의 활동으로 코스를 만들고, 가능하게 되면 단계적으로 활동을 늘리는 것도 좋습니다.

처음에는 어른이 시범을 보이고, 다음에는 어른이 도와줘서 아이와 코스를 완주해봅니다. 아래에 순환학습 운동의 흐름으로 한 예를 들어보겠습니다.

① 의자에 앉는다. (시작)
② 평균대(블럭 위 등)를 건넌다.
③ 매트나 방석 위에서 점프한다.
④ 공을 가지고 상자에 넣는다.
⑤ 훌라후프나 종이상자 터널을 통과한다.
⑥ 이불그네(어른과 같이 즐길 수 있는 아이가 너무 좋아하는 활동)
⑦ 의자에 앉는다. (끝)

처음에는 아이를 의자에 앉게 합니다. 사전에 순환학습 운동을 몇 번 완주할지 정하고, 그 횟수를 종이에 적으며 아이에게 보여주고 약속을 합니다. 또 어른이 시범을 보여줄 때는 의자에 앉아서 보게 합니다.

'평균대(블럭 위 등)를 건넌다'는 눈으로 걷는 곳을 보면서 발이 닿는 장소를 예측하는 눈과 발의 협응운동입니다. 도움은 옆에서보다는 앞에서 주는 것이 아이가 더 균형을 잡기 쉽습니다.

'매트나 방석 위에서 점프한다'는 그 자리에서 점프할 수 있는 아이에게 진행합니다. 처음에는 아이의 정면에 서서 아이의 손을 잡고 매트 위에서 점프할 수 있도록 합니다. 어디서 점프할지 매트 위에 색 테이프 등으로 표시해두면 더 쉽게 점프할 수 있습니다. 아이의 움직임에 맞춰서 어른이 "점프, 점프"라고 언어적인 촉구를 주는 것도 중요합니다. 혼자서 점프가 가능하게 되면 "준비~ 점프!"라는 언어적인 지시로 자연스럽게 점프할 수 있습니다.

'공을 가지고 상자에 넣는다'는 공을 상자 안에 넣거나, 상자를 향해서 던지기를 하는 등, 공을 활용하는 활동입니다. 상자를 가까운 곳에 두고 공을 넣는 것이 가능해지면 조금씩 상자를 멀리 둡니다. 처음에는 전신을 사용하며 공을 던지는 것이 대부분이지만, 서서히 팔과 어깨를 사용할 수 있게 되고, 상반신의 운동기능을 높이는 것이 가능해집니다.

'훌라후프나 종이상자 터널을 통과한다'는 몸을 구부리고, 손발의 균형을 잘 잡고 움직이면서 좁을 곳을 통과하는 것이 목표입니다. 훌라후프를 통과하거나 터널을 배로 기어서 앞으로 지나가는 등의 운동은 손발뿐만 아니라 몸 전체의 움직임을 배우는데 최적화 된 운동입니다.

'이불그네'는 마지막 코스로 순환활동 전체의 강화제가 됩니다. 마지막 코스는 어른과 함께 할 수 있는 놀이를 준비합니다. 이불 위에 아이

순환학습 운동의 예. 마지막 코스는 강화제가 될 수 있도록
아이가 특히 좋아하는 활동으로 설정합니다.

를 올리고 이불의 양쪽 끝을 어른 둘이 잡고 흔들어 줍니다. 또 트램폴린이나 그네를 좋아하는 아이는 좋아하는 활동으로 대체해주면 좋겠죠.

　강화제 역할을 하는 마지막 코스를 더 하고 싶어서 다음 활동인 '의자에 앉기'로 돌아가기가 어려운 아이는 "열 번 하면 다음으로 가는 거야"라고 횟수를 정해서 수를 세어가며 이불그네를 하거나, 트램폴린에서 뛰거나 하면 다시 처음으로 돌아가기 수월해집니다.

　순환학습 운동을 한 번 완주하면 마지막에 의자에 앉습니다. 한 번 완주할 때마다 스티커나 자석을 보드에 붙여서 처음에 약속한 횟수를 달성하면 끝냅니다.

### (2) 여러 명과 함께 하는 순환학습 운동

아이가 안정되게 순환학습 운동을 완주하게 되면 같이 참여하는 인원수를 늘려갑니다. 이때, '자신의 순서 지키기'라는 스킬을 연습할 수 있습니다. 자신 이외의 사람이 순환학습 운동을 하고 있는 동안에는 의자에 앉아서 기다리는 것이 가능하도록 어른이 촉구해줍니다.

또 단순히 기다리기만 하는 것이 아니라, 코스를 돌고 있는 사람에게 "힘내라!", "조금만 더!"처럼 소리내어 응원할 수 있도록 가르칩시다.

| 운동 스킬

# 캐치볼

- **목표**

  공을 던지고 공을 받는 운동스킬 뿐 아니라 상대를 바라보고, 공의 궤도를 읽는 스킬과 손발의 유연성을 익히는 것이 목표입니다.

- **유의사항**

  공을 무서워하는 아이는 비치볼 같은 양손으로 잡기 쉬운 크기에 가볍고 부드러운 것으로 사용합니다. 상대를 향해 던지거나 굴리는 활동은 스스로 하기 어려우므로 아이가 움직이도록 도와주며 듬뿍 칭찬해주는 것이 중요합니다. 어려운 경우에는 어른이 아이의 옆에서 공을 굴릴 수 있도록 손을 잡아주거나 공을 굴려줄 상대를 가리키거나 하는 도움을 줍니다.

**프로그램** 캐치볼

### (1) 공 굴리기

앉은 상태에서 상대를 향해 공을 굴리거나 받는 놀이입니다. 처음에는 아이의 정면에서 공을 천천히 굴립니다. 잘 받으면 많이 칭찬해줍니다. 다음은 아이가 어른을 향해 공을 굴리는 놀이를 합니다. 공을 받는 어른은 양손을 앞으로 하며 "공 줘" 등 지시를 통해 아이의 주의를 끌 수 있도록 합니다.

아이가 공을 받거나 굴리는 것을 성공하면 칭찬해줍니다. 둘이서 할 수 있게 되면 인원수를 늘려서 시행하는 것도 좋습니다.

### (2) 공 받기

처음에는 아이에게 손으로 건넬 수 있을 정도의 거리에서 연습합니다. 공을 던질 때는 "간다~" 하고 신호를 주고 아이가 어른의 얼굴이나 공을 보는 순간을 가늠하며 던집니다. 아이가 공을 잘 받을 수 있도록 아이의 가슴 정면 쪽으로 던집니다. 잘 받게 되면 조금씩 거리를 늘려갑니다.

### (3) 공 던지기

공을 손으로 건넬 수 있을 정도의 거리에서 시작합니다. 아래서 위로 던질지 위에서 아래로 던질지는 아이가 던지기 쉬운 쪽부터 선택합니다. 공을 받는 어른은 양손을 벌리며 "공 줘"라고 말하면서 아이의 주의를 끕니다.

아이가 던진 공을 어른이 받았을 때는 아이에게 공을 받았다는 사실을 크게 어필해줌과 동시에 잘 던졌다고 칭찬을 해줍니다.

### (4) 여럿이서 캐치볼 하기

둘이서도 잘할 수 있게 되면 다음에는 세 명 이상이서 캐치볼을 해봅니다. 처음에는 아이가 던지고 받는 것이 가능한 거리에서 시작합니다. 공을 굴리거나 공을 튀기거나 "주세요"라고 말한 사람을 향해 던지는 등 간단한 게임 형식으로 시행하면 좋겠죠.

이외에도 공의 무게나 크기를 바꾸는 등 난이도를 높여가봅시다. 또 아이가 공을 놓쳤을 때 공을 주우러 가는 것도 연습이 될 수 있습니다.

|||| 운동 스킬 ||||||||||||||||||||||||||||||| 33 ||||||||||||||||||||||||||||||||||||||||

# 줄넘기

- **목표**

줄넘기는 '줄넘기를 돌리다', '점프하다'와 같이 동시에 여러 움직임을 해야 하는 전신 협응 운동입니다. 줄넘기를 하면 협응 운동 능력을 향상시키고 몸의 움직임을 컨트롤하는 힘을 익힐 수 있으며 지구력이나 민첩성을 기르는 효과를 기대할 수 있습니다.

- **유의사항**

줄넘기를 어려워하는 아이는 여러 움직임을 동시에 하는 것에 어려움을 느끼는 경우가 많습니다. 스몰스텝으로 한 단계씩 움직임을 완성해 나갑시다.

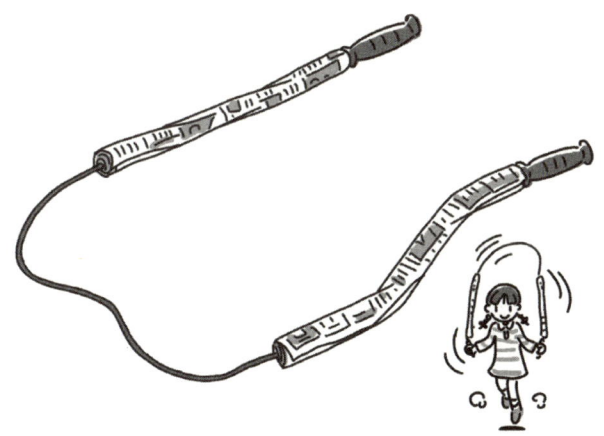

줄넘기에 신문지를 돌돌 말아주면 줄을 다루기가 한결 쉽습니다.

### 프로그램 줄넘기

#### (1) 점프하기

줄넘기의 가장 기본이 되는 움직임은 점프하기입니다. 먼저 양발을 모아서 점프하는 것이 가능한지 확인합시다. 아무것도 없는 상태에서 점프가 되면 줄넘기를 바닥에 놓은 상태에서 뛰어넘는 연습을 합니다. 가능해지면 바닥에 놓은 줄넘기의 거리를 조금씩 벌린 상태에서 연습합니다.

#### (2) 훌라후프 줄넘기

줄넘기가 어려운 아이 중에는 손목을 회전시키는 것이 어려워서 줄넘기를 잘 돌리지 못하는 경우가 있습니다. 이런 경우에는 먼저 훌라후프 줄넘기부터 시작해봅시다. 훌라후프를 뒤에서 앞으로 돌리고 앞으로 온 훌라후프를 뛰어넘습니다(양발을 모아서 뛰는 것이 어려울 때는 한 발씩 뛰는 것부터 시작합니다). 훌라후프 줄넘기에서는 줄넘기의 리듬을 잡는 것이 중요합니다.

#### (3) 줄넘기

훌라후프에서 진짜 줄넘기로 이행할 때는 줄넘기에 보조기구를 끼워서 사용하면 좋습니다. 줄넘기에 손으로 잡는 부분에 보조기구를 끼워서 길게 하면 줄을 컨트롤하기 쉬워집니다. 마땅한 보조기구가 없다면 그림처럼 신문지나 두꺼운 종이를 사용해도 좋습니다. 줄을 잘 돌릴 수 있게 되면 서서히 신문지의 길이를 줄입니다.

줄을 넘을 때는 양발을 모아서 뛰는 것이 이상적이지만, 처음에는 한 발씩 뛰어넘어도 괜찮습니다.

운동 스킬

# 가위로 오리기

• **목표**

가위를 이용해 다양한 모양을 자를 수 있게 하고, 혼자 있는 시간에도 스스로 공작을 할 수 있도록 발전시키는 것입니다.

• **유의사항**

처음부터 정확한 선을 따라 오리는 것을 목표로 하는 것이 아니라 짧은 직선을 오리는 것부터 시작합니다. 조금씩 가위질할 수 있는 길이를 늘려갑니다. 직선을 오릴 수 있게 되면 직선과 곡선을 조합해서 다양한 모양을 오릴 수 있도록 지도하는 것이 포인트입니다.

자르는 종이에 왼손 엄지손가락을 놓을 위치를 눈에 보이게 표시해주세요.

**프로그램** 가위로 오리기

### (1) 한 번 오리기

아이가 제대로 가위를 잡게 될 때까지는 어른이 도움을 줄 필요가 있습니다. 아이의 앞에서 도움을 주는 방법과 뒤에서 도움을 주는 방법이 있는데 뒤에서 도와주는 방법이 조금 더 잘되는 것 같습니다. 양손을 같이 도와주는 방법, 한 손만 도와주는 방법 등도 있습니다. 아이에게 맞춰 방법도 조금씩 바꿔 가면 좋겠습니다.

또, 가위를 벌릴 힘이 약한 경우에는 스프링가위를 사용해도 좋습니다. 가운데손가락을 넣을 장소가 정해진 특수한 가위도 있습니다. 가위로 오리기를 어려워하는 경우 이런 특수 가위를 이용하면 가위 사용법을 잘 배우기도 합니다.

처음에는 가위를 한 번 벌리고 좁혔을 때 오려지는 길이부터 시작합니다. 가위 날의 중간에 종이를 끼우고 날을 좁히면 오려지는 정도의 길이입니다. 잘 오릴 수 있게 되면 선을 의식하여 선에 맞춰 오리는 연습을 해봅니다. 이때 선 밖으로 가위가 빠져나가지 않도록 선을 두껍게 그립니다.

왼손으로 종이를 잡는 것이 잘 안 되는 아이도 있습니다. 왼손은 종이의 어느 위치를 잡으면 좋은지, 그림처럼 엄지를 놓을 장소를 시각적으로 보여주는 것도 효과적입니다.

### (2) 두 번 이상 오리기

한 번 오리기가 가능해지면 두 번 오리기, 세 번 오리기로 오리는 길이를 길게 늘려갑니다. 두껍게 그렸던 선도 점점 얇게 그리는 것도 좋겠죠. 오린 종이를 풀로 붙이는 연습도 같이 하면 아이의 흥미도 더 끌 수 있습니다. 숫자를 좋아하는 아이는 숫자가 적힌 종이를 오리는 등 아이의 흥미와 조합하면 더 의욕적으로 할 것입니다.

### (3) 직선을 조합한 모양 오리기

직선을 오릴 수 있게 되면 직선을 조합한 삼각형, 사각형을 오릴 수 있게 됩니다. 삼각형, 사각형처럼 모양으로 제시하면 그 모양을 오리는 것에 집착하고 계속해서 오리려고 하기 때문에 잘 못 오리지만, 몇 번에 나눠서 직선으로 오리는 시범을 보이면 오릴 수 있게 됩니다. 모양을 오릴 수 있게 되면, 가위를 사용하는 것이 재미있어 집니다.

### (4) 공작, 페이퍼 크래프트 등

가위를 사용하는 활동은 혼자서 보내는 개인 활동 시간으로 연계하는 것이 가능합니다. 가위로 간단한 것을 오릴 수 있게 되면 접기, 붙이기 같은 작업과 조합하여 페이퍼 크래프트 등의 공작도 가능하게 됩니다. 아이가 좋아하는 것(예를 들어 지하철, 자동차, 동물 등)을 만드는 것으로,

페이퍼 크래프트의 예. 가위로 오리고 제자리에 붙이면 버스가 완성됩니다.

개인 활동으로도 발전시켜 주세요.

**ABA를 실천해봤더니 ③**

# 스몰스텝으로 어렵다는 의식을 극복

효고현 거주 미나모리 미카 씨

손끝이 무딘 우리 집 남매. 공작놀이가 왕성해야 할 연령이 되어서도 종이를 잘 오리지 못해서 흥미도 보이지 않고, 활동의 범위가 넓혀지지 않았습니다. 치료실에서의 과제를 참고로 스몰스텝으로 조금씩 성취할 수 있도록 해보기로 마음먹고, 집에서도 가위로 종이 오리기 과제를 도입했습니다.

먼저 가위를 벌리고 좁히는 연습을 충분히 한 뒤에, 작은 종이의 오른쪽 아래에 짧은 사선을 두꺼운 선으로 그어서 한 번 오리기를 시작했습니다. 선에서 조금 벗어나더라도 "됐다! 오렸다!" 하며 소박한 기쁨을 나누는 것을 중요시했습니다. 한 번 오리기가 안정되면 조금씩 직선의 길이를 늘려갔습니다. 가위가 누워버려서 앞부분만 오려지는 등 문제가 생기면 가위를 충분히 벌리고 종이를 가위 아래쪽으로 옮겨서 오리도록 촉구했습니다.

다음으로 세모, 네모, 동그라미 등 종이를 돌려야 하는 형태를 오렸습니다. 종이를 잡는 왼쪽 손의 위치가 잘 움직여져야 하는데 잘 안 돼서 힘들게 오리고 있었습니다. 처음에는 그때마다 잘라서 다시 잡도록 했습니다. 손을 잡아주며 옮겨도 보고, 왼쪽 엄지의 위치를 ●로 표시해서 자연스럽게 이동할 수 있게 되고, 이제는 "가위를 가까이 잡아"라는 언어적인 촉구만으로도 오릴 수 있게 되었습니다.

마지막은 ✚나 ☆ 등 가위를 오리다가 멈추고 방향을 바꿔야 하는 복잡한 모양으로 과제의 난이도를 높였습니다. 선의 끝에 맞춰서 끊는 게 어려워서, "천천히", "멈춰" 하고 언어적으로 촉구해주며 멈추는 것을 의식하게끔 했습니다. 기본적인 모양을 오릴 수 있게 됐을 때 자동차, 전철 등 아이가 좋아하는 것을 오릴 수 있도록 했습니다.

처음 시작했을 때는 생각처럼 잘 되지 않아 짜증도 내고 했습니다만, 단계적으로 할 수 있게 되자 너무 재밌어서 어쩔 줄 몰라 합니다. 다음 스텝으로 시판되는 종이공작을 했습니다. 오리기만 할 뿐 아니라 접거나 붙이거나 하면서 만든 것을 가지고 놀고 즐기면서 여러 스킬들을 몸에 익혔습니다. 시판되는 공작용 종이는 크기가 커서 여분에 대한 자극도 크기 때문에 처음에는 작은 종이에 단순한 것부터 시작하면 좋을 것 같습니다. 저는 손으로 그려서 만들었지만, 컴퓨터를 이용해서 준비하는 것도 좋을 것 같습니다.

지금도 가위의 사용법은 다소 거칠지만, 공작 수업 정도는 특별히 지장 없이 할 수 있습니다. 본인도 어려워하지 않는 것 같아 보입니다.

# 인지·학습

카테고리 분류, 매칭하기, 상대적 개념, 시간 개념 등은
일상생활에서 자주 사용되지만 아이가 어려워하는 스킬입니다.
이해하는 데에 그치지 않고
일상생활에서 사용하는 연습을 통해 개념을 정착시킵니다.

# 인지·학습 스킬

본서의 과제에서도 거론되고 있는 추상적인 개념의 획득은 많은 자폐아이가 어려워하는 것 중 하나입니다.

이러한 추상개념 학습의 첫걸음이 되는 것이 분류학습입니다. 분류학습의 첫 단계는 색, 모양 등의 단순한 것부터 시작합니다. 그리고 다음 단계는 '물고기'나 '꽃' 등 각각의 카드가 전혀 다른 것이어도 같은 카테고리로 분류될 수 있는 것으로 학습합니다. 이렇게 학습된 각각의 대상의 관계성을 자극군(stimulus class)이라고 부릅니다. 자극군에는 새, 비행기, 잠자리, 헬리콥터 등 모양이 달라도 '하늘을 나는 것'이라는 성질과 용도에 따라 만들어지는 그룹도 있습니다. 이러한 성질이나 용도를 기반으로 하는 분류학습은 고도의 학습으로 발전합니다.

분류학습부터 개념학습으로 진행할 때는 예를 들어 "하늘을 나는 것은?"이라는 질문에 대해 '새'와 '물고기' 카드 중에서 '새 카드'를 선택하는 매칭 학습을 시행할 필요가 있습니다. 글을 읽을 수 있는 아이에게는 질문을 글이 쓰여 있는 문장카드로 해도 상관없습니다. 이에 따라 자극군 안에 있는 요소 중 하나가 언어와 결합하면 원래 관계성이 있었던 다른 요소(비행기나 잠자리 등)도 '하늘을 나는 것'이라는 학습이 성립됩니다. 이것을 학습의 전이라고 합니다. 자극군에 의한 학습의 전이를 이용함으로써 효과적인 학습이 가능해집니다.

또 우리는 하나의 사물에 대해 그 대상이 가지고 있는 여러 속성에 대해 이야기하는 것이 가능합니다. 예를 들어 연필에는 'HB', '육각형', '길다', '적는 것', '필통', '공부' 등입니다. 이러한 언어 능력은 비유의 이해와도 관련됩니다. 세 가지 힌트 퀴즈(세 가지 단서로 정답을 맞추는 퀴즈) 등 아이가 쉽게 즐길 수 있는 형태로 실시하는 것이 좋겠죠.

'많다, 적다'나 '크다, 작다' 등의 상대개념, '어제, 오늘, 내일' 등의 시간개념은 일상생활에서도 자주 사용되는 것입니다. DTT로 학습함으로써 효과적으로 이해할 수 있게 되지만 학습시간과 일상생활 속에서 의식적으로 사용하는 기회를 자꾸 만들어서 정착시킵시다.

또 지금은 자폐스펙트럼장애로 통합되었지만 일명 고기능 자폐나 아스퍼거 증후군이라 불리는 아이의 경우에도 글씨쓰기에 대해 어려움을 겪는 아이가 많이 있습니다. 글씨쓰기라는 행동은 미세한 운동 능력과 시각인지를 조합한 복잡한 활동입니다. 스몰스텝으로 낙서하기부터 시작하는데, 과제를 강하게 거부하는 경우도 있습니다. 이럴 때 유효한 수단은 흥미를 가지고 있는 물건의 이름을 과제로 하는 것입니다. 애니메

이선의 캐릭터 이름을 적는 것도 좋고, 지하철역의 이름을 적어보는 것도 좋습니다.

수를 세는 학습도 주사위를 이용하거나, 게임을 하면서 도입하면 흥미를 갖고 반복연습을 할 수 있습니다. 또 계산은 할 수 있지만, 응용문제를 어려워하는 아이도 있습니다. 예를 들어 가감승제의 응용문제는 '받다', '주다', '나눠주다' 등의 동사 이해나 "A가 B에게 접시를 세 장 줍니다" 등의 목적어를 포함하는 구문 이해를 전제로 합니다. 이것은 문장을 읽고 인형을 이용해 실물 조작으로 정확하게 재현하는 연습이나 그림을 이용하는 연습을 시행할 필요가 있습니다.

수 학습을 일상생활에 사용할 기회는 시계를 읽는 것이나 시간관리, 돈 계산이나 물건 사기, 금전 관리 등 많이 있습니다. 어려운 계산식을 가르치는 것도 중요할지 모르지만, 스스로 스케줄표에 계획을 세우고, 시간표를 읽고, 시계를 보며 행동을 조절하고, 유통기한을 보고 길게 남아있는 것을 사고, 20퍼센트 세일 등의 할인율을 이해하고, 돼지고기 100g을 구입할 때 105g 등 필요량에 가까운 용량을 선택하고, 용돈 관리를 하는 등, 일상생활에서의 과제에 응용할 수 있도록 합시다.

인지·학습 스킬

# 분류

- **목표**

    비교할 수 있는 힘을 기릅니다. 시야를 넓히는 것도 중요합니다. 카테고리 분류나 보다 복잡한 다차원의 이해 등으로 연계시키는 것이 목표입니다.

- **유의사항**

    색이나 모양 등 아이가 잘할 수 있는 것부터 시행합니다. 2차원의 분류가 어려운 경우에는 3차원 물건부터 시작해주세요. 할 수 있게 되면 선택지의 수를 늘려서 시야를 넓혀갑니다.

3차원 분류하기 과제의 예

**프로그램** 분류

### (1) 3차원 분류

"구슬을 떨어트립니다", "접시를 쌓습니다"처럼 도움이 없어도 아이가 혼자서 할 수 있는 과제를 두 가지 준비합니다. 이때, '넣다, 끼우다, 쌓다' 등 두 개의 동작이 분명하게 다른 행동을 고르는 것이 좋습니다.

"구슬을 떨어트리다"와 "고리를 봉에 끼우다"를 예로 들어 설명해보겠습니다. 아이 앞에 구슬을 떨어트려 넣을 그릇과 고리를 끼울 봉을 준비합니다. 구슬과 고리를 무작위로 아이에게 넘겨주며 각각의 과제를 시행하도록 지시합니다. 아이는 건네받은 물건을 그릇과 봉 각각에 주목하여 비교하며 과제를 수행하게 됩니다. 필요하면 포인팅으로 힌트를 주거나 신체적 촉구로 도와주세요. 힌트 없이도 할 수 있을 때까지 진행합니다.

과제를 잘할 수 있게 되면 "봉을 구멍에 넣어요" 등 다른 과제를 더해서 세 가지로 시행해봅니다. 동작에 여러 변화를 갖게 하는 것도 필요합니다.

더 나아가 양쪽 모두 모양 맞추기 과제여도 동그라미와 세모처럼 형태가 다른 것이나 색만 다른 것 등으로 이행해갑니다.

### (2) 2차원 분류

3차원 분류를 습득할 수 있게 되면 다음은 2차원 분류입니다.

처음에는 흥미 있어 하는 그림으로 시작해도 좋습니다. 색이나 모양의 분류로 이행할 때는 잘하는 것부터 시작합니다. 또 필요하면 색 분류의 경우 틀의 색도 바꾸는 등 처음에는 촉구를 많이 주고 서서히 줄여갑니다. 아이가 이해하기 쉽도록 시범도 보여주고, 분류할 수 있는 물건을 많이 준비하면 더 좋겠습니다.

인지·학습 스킬

# 36 카테고리 분류

- **목표**

눈에 보이는 특성(색, 모양, 크기 등)으로 나누는 것부터 시작해서 대상의 성질이나 특성, 용도 등의 분류로 진행합니다.

- **유의사항**

시각적 분류에서는 아이가 꼭 말하지 않아도 괜찮지만, 손을 잘 보는 등 아이가 시범을 보여줄 때 잘 주목할 수 있도록 합니다. 절차는 매칭보다 간단합니다. 성질이나 특성, 용도에 의한 분류에서는 언어의 이해가 필요한 경우가 있습니다. 다른 모양끼리의 매칭이나 명사의 이해, 개념학습, 한글 읽기 등 병행하면서 진행합니다.

**프로그램** 카테고리 분류

### (1) 시각적 분류

처음에는 색, 모양, 크기 등 시각적으로 명확하게 다른 것으로 지도하는 것이 중요합니다. 여기서는 장난감 중에 빨간 코인과 하얀 코인을 예를 들어 설명해보겠습니다. 먼저 아이의 눈앞에 빨간 코인과 하얀 코인이 섞인 상자를 둡니다. 그리고 이와 별도로 빨간 코인만 있는 상자와 하얀 코인만 있는 상자를 준비합니다.

아이에게 "이거 나눠줘"라고 말하고 섞여 있는 상자에서 코인을 한 개씩 건네주고, 같은 색 코인이 있는 상자에 넣을 수 있도록 신체적 촉구를 합니다. 성공하면 칭찬해주고 서서히 신체적 촉구를 줄입니다. 두 가지 색으로 분류를 할 수 있게 되면 세 가지 색으로 해서 세 가지 분류에도 도전해 봅니다. 또 색과 모양에 변화를 주어 네 가지 분류를 하는 등 스텝업시켜 나갑시다.

### (2) 성질이나 특성, 용도에 의한 분류

다음 단계로 성질이나 특성에 의한 분류를 지도합니다. 여기서는 「동물」,「자동차」카드로 예를 들어보겠습니다.

먼저「동물」카드로 '말', '소', '개', '고양이', '사자' 등의 카드를,「자동차」카드로는 '스포츠카', '세단', '밴', '트럭', '구급차' 등 여러 장의

카드를 준비합니다. 다음으로는 시각적 분류에서와 같이 두 개의 상자를 준비해서 카드 몇 장을 견본처럼 사전에 분류시켜두고 남은 카드를 아이에게 분류하게 합니다.

한글을 읽을 줄 아는 아이는 각각의 상자에 「동물」, 「자동차」라고 적어두고, 글을 읽은 뒤에 분류하게 합니다(이 경우에는 견본 없이 합니다).

성질이나 용도에 의한 분류는 좀 더 고도의 프로그램입니다. 예를 들어 「나는 것」, 「달리는 것」이라는 성질로 분류하면 '새'나 '비행기'는 전자에, '자동차'나 '말'은 후자로 분류됩니다. 「청소할 때 사용하는 것」과 「공부할 때 사용하는 것」 등은 용도에 의한 분류입니다. 퀴즈 형식으로 진행하는 등, 즐겁게 할 수 있도록 연구해주세요.

||||| 인지·학습 스킬 |||||||||||||||||||||  ||||||||||||||||||||||||||||||

# 매칭하기

- **목표**

  매칭은 어떤 것과 어떤 것(언어나 행위도 포함)의 관계성을 이해시키는 과제입니다. 언어나 개념 이해의 기본이 되는 굉장히 중요한 학습입니다.

- **유의사항**

  물건을 상대에게 건네고, 물건을 가리키는 기본적인 행동이 미리 학습되어 있어야 합니다.

**프로그램 | 매칭하기**

**(1) 동일 매칭**

상대방이 제시하는 견본과 자신이 가지고 있는 것 중에 똑같은 것을 선택하는 것을 '동일 매칭'이라고 합니다. 예를 들어 구체적인 물건끼리의 매칭, 그림카드끼리의 매칭, 글자카드끼리의 매칭 등이 있습니다.

구체적인 물건끼리의 매칭은 사과 모형을 두 개 준비하고, 아이 앞에 한 개만 놓습니다. "이거 줘"라고 말하며 다른 한 개의 사과모형을 접시에 올려놓고 제시합니다. 아이가 잘 이해하지 못하는 경우에는 손을 잡고 사과모형을 잡게 하고 견본으로 보여준 사과 옆에 놓을 수 있도록 촉구합니다. 성공하면 바로 칭찬으로 강화해주세요. 이것을 몇 번이고 반복하면서 신체적 촉구를 줄이고, 혼자서도 할 수 있게 되도록 합니다.

다음 단계로는 예를 들어 견본을 귤로 바꿔서 같은 방법으로 연습하고, 그 다음에는 사과와 귤을 아이 앞에 놓고, 견본으로 귤을 제시할 때는 귤을, 사과를 제시할 때는 사과를 집을 수 있도록 연습합니다.

구체적인 물건끼리의 동일 매칭이 가능해지면 구체적인 물건 대신 '컬러 그림카드 → 흑백 그림카드 → 글자 카드'처럼 프로그램을 발전시켜갑니다. 서서히 스텝업하면서 연습시키는 것이 포인트입니다.

### (2) 다른 형태끼리의 매칭

동일 매칭의 발전 형태로, 다른 형태끼리의 매칭입니다. 도입으로 간단하게 할 수 있는 것이 같은 그림의 컬러나 흑백의 매칭, 그림의 크기가 다른 카드의 매칭, 또는 그림카드로 표시된 물건은 같아도 그림의 색감이나 종류가 다른 카드(예를 들어 같은 자동차여도 '세단'과 '스포츠카') 등 시각적인 물건끼리의 매칭입니다. 이 단계를 잘할 수 있게 되면 그림카드와 단어를 매칭하는 것처럼 보다 높은 스텝으로 이행합니다.

그리고 시각적인 물건끼리의 매칭을 할 수 있게 되면 실물과 음성, 음성과 글자카드처럼 형태가 다른 물건끼리의 매칭으로 나아갑니다. 예를 들어 실물 사과와 "사과"라는 음성의 조합이나, "사과"라는 음성과 '사과'라고 한글로 적힌 글자의 매칭과 같은 것입니다. 실물과 음성의 조합

매칭에는 사과나 귤 장난감을 아이 앞에 두고 "사과"라고 말합니다. 아이가 이해를 못하면 다시 한 번 지시하고 사과를 포인팅해서 어른에게 건네줄 수 있도록 촉구합니다. 건네주면 바로 칭찬해주세요. 이렇게 활동을 몇 번이고 반복하면서 서서히 포인팅을 해주지 않아도 할 수 있도록 합니다.

실물이나 음성, 문자 외에도 동작이나 색 등 다양한 형태끼리의 매칭이 있습니다.

### (3) 기능적 매칭

주스에는 컵, 가위에는 종이처럼 도구와 그 사용 목적에 대응하는 물건을 이해하고 조합하는 것을 기능적 매칭이라고 합니다. 요구 상황을 이용함으로써 동일 매칭을 어려워하는 아이도 학습시킬 수 있습니다.

예를 들어 간식시간에 식기류를 나열하고 어른이 주스를 꺼내면 아이가 컵을 내민다던가, 과자봉지를 꺼내면 아이가 접시를 내미는 것과 같은 방법에서 매칭으로 발전시켜나갑니다.

지시받은 물건뿐 아니라 앞에 나열되어 있는 물건들도 모두 주목할 수 있게 해야 합니다.

|||||| 인지·학습 스킬 |||||||||||||||||||||||||  |||||||||||||||||||||||||

# 상대 개념

- **목표**

물건이 크고 작은 것에 크다, 작다 등의 이름이 있는 것이 아닙니다. 이러한 개념은 상대적이므로 상황에 따라 변화한다는 것을 학습해야 합니다. 또 공간개념에서는 '상하', '전후', '좌우'를 자기 시점과 타인 시점에서 이해하는 것을 배웁니다.

**프로그램** 크다/작다, 많다/적다 이해하기

- **유의사항**

'대소(大小)', '다소(多少)'는 상대적인 관계를 이해시키기 위해 세 개 이상(가능하면 다섯 개 정도)의 것을 사용하도록 합니다. 예를 들어 A > B > C라고 하면, B는 A에 비해 '작다'지만, C와 비교하면 '크다'라고 가르치게 됩니다. 교재로는 크기나 양의 차이를 명확하게 알 수 있는 것을 사용해주세요.

**(1) 크다, 작다**

처음에는 크기만 다른 두 개의 교재(카드여도 물건이어도 됩니다)를 보여주고 '크다'라는 지시에 큰 것을 건넬 수 있도록 지도합니다. 먼저 '크다'만 가르치고 확실히 할 수 있게 되면 '작다'를 가르치고, 다음으로 '크다', '작다'를 섞어서 지도합니다. 크고 작은 것을 제시할 때의 위치나 순서는 일정하게 하지 말고, 때마다 바꿔서 제시합니다.

크기만 다른 교재를 잘 수행할 수 있게 되면 크기 이외의 요소가 있는 교재를 사용하는 지도로 이행합니다. 예를 들어 '큰 파란 공'과 '작은 빨간 공'의 대소를 묻는 것 등입니다.

발전형으로 '큰 파란 공', '작은 파란 공', '큰 흰 공', '작은 흰 공'의 네 개의 대상 중에서 "작고 파란 공 주세요"와 같은 두 가지 개념(크기, 색)의 변별을 가르치는 것도 가능합니다. 또 세 가지 개념(크기, 색, 물건)의 변별 과제도 있습니다. 이것은 더 복잡해서 긴 음성 지시의 이해와 시각적인 주의력을 늘릴 수 있습니다.

### (2) 많다, 적다

'많다', '적다'에는 '① 하나씩 셀 수 있는 것을 비교한다(구슬, 사탕 등), ② 하나씩 셀 수 없는 것을 비교한다(주스나 가루 등)'으로 나눌 수 있는데, 처음에는 ①부터 시작하는 것이 좋습니다.

예를 들어, 동그라미가 일곱 개 그려진 카드와 한 개 그려진 카드를 제시하고 '크다, 작다' 했을 때처럼 '많다, 적다'를 지도합니다. 처음에는 수의 차이가 큰 것으로 시행합니다. 이 과제가 가능해지면 6과 7처럼 차이가 적은 것으로 이행하는데 이때, 수를 셀 수 있는 아이는 동그라미의 수를 세어보게 한 뒤에 질문합니다. 수의 조합을 바꿔서('5와 2', '3과

1' 등) 가르치고, 그 다음에는 동그라미가 아닌 숫자가 쓰여있는 카드로도 할 수 있는지 확인하고 ②로 넘어갑니다.

크다/작다, 많다/적다 외에도 길다/짧다, 높다/낮다 등 다른 상대개념도 같은 방법으로 가르칠 수 있습니다.

## 프로그램 | 공간 개념 이해하기

• **유의사항**

좌우는 전후보다 더 어려운 과제입니다. 좌우라는 개념 이해를 어려워하는 것 같다면 처음에는 '앞', '뒤', '옆'으로 가르쳐도 됩니다. 또 전후좌우는 아이의 시점과 타인의 시점에서 보면 다 다릅니다. 아이의 시점부터 먼저 가르칩니다.

### (1) 위, 아래

비교적 쉽게 이해할 수 있는 공간 개념입니다. 컵 등을 건네면서 "책상 위에 놔", "책상 아래에 놔"라고 지시하고, 지시받은 장소에 놓도록 지도합니다.

아이가 바르게 하면 바로 칭찬해줍시다. 틀리게 하면 "아니에요"라고 피드백해주고 바로 바르게 고쳐줍니다. 글자를 읽을 수 있는 아이는 올려야할 위치에 힌트가 될 수 있도록 '위', '아래'라고 적은 종이를 붙이고, 서서히 없애는 것도 방법입니다. 익숙해지면 책상 이외의 곳에서도 연습해봅시다.

### (2) 전후, 좌우

① 아이 시점

아이에게 장난감 등을 들고 바닥에 앉게 한 뒤, "오른쪽에 놔", "왼쪽에 놔", "앞에 놔", "뒤에 놔"라고 지시합니다. 글자를 읽을 수 있는 아이는 '앞', '뒤', '오른쪽', '왼쪽' 이라고 적은 종이를 각각의 위치에 놓고 그 위에 장난감을 올려놓도록 합니다.

② 타인 시점

타인의 시점으로 섰을 때 전후좌우는 타인과 아이와의 위치관계(마주보고 서있을 때, 같은 방향을 보고 서있을 때, 오른쪽 또는 왼쪽에 정면으로 있을 때)에 따라 달라집니다. 그 중에서도 마주보는 것은 가장 난이도가 높고, 좌우를 혼란시키기 때문에, 이것을 먼저 가르치면 "거꾸로 말하면 돼"라는 규칙으로 이해해버리는 위험성이 있습니다.

전,후,좌,우라는 개념을 지도할 때는 아이의 시점에서부터 시작합니다.

때문에 처음에는 그림처럼 서로 같은 방향을 향하고 서서 "엄마 오른쪽에 놔" 하고 지시를 하며 가르칩니다. 어려워하면 ①에서 사용한 카드를 사용하면 좋겠죠.

인지·학습 스킬

# 낙서하기

- **목표**

  낙서하기는 덧쓰기나 따라 쓰기 과제의 기초가 되는 과제입니다. 낙서하기를 하면서 필기구를 잡는 방법이나 힘주는 방법, 팔이나 손목의 사용법을 학습합니다.

- **유의사항**

  글씨를 쓸 때 힘 조절이 잘 안 되는 아이라면 연습할 때 연필이 아닌 펜으로 하면 더 잘 됩니다.

**프로그램** 낙서하기

### (1) 어른이 적는 것 보여주기

적는 것에 흥미를 가지는 것이 목적입니다. 어른이 종이에 펜으로 낙서를 하거나 글자나 그림을 그리거나 하는 것을 아이에 보여줍니다. 그때 아이가 흥미있어 하는 것(좋아하는 캐릭터의 그림, 글씨를 좋아하는 아이라면 글자나 숫자, 자동차를 좋아하는 아이는 자동차 그림이나 자동차 번호판 등)을 적으면 좋겠죠.

아이가 "○○를 적어주세요"라고 요구하게 되거나 자기도 쓰려고 하면 다음 스텝으로 넘어갑니다.

### (2) 아이에게 적게 하기

먼저 필기구를 가지고 움직이는 것을 목표로 합니다. 아이에게 종이와 필기구를 주고, 자유롭게 적게 합니다. 필기구는 처음에는 펜이나 크레용처럼 힘 조절하기 쉬운 것부터 시작하는 것이 좋습니다.

잘 잡지 못하는 아이에게는 뒤에서 손목을 지탱해줍니다. 필기구를 잡는 법은 한번 고정해버리면 나중에 수정할 때 시간이 오래 걸리고 아이가 부담을 느끼기 쉽기 때문에 낙서하기 단계부터 어느 정도 바르게 잡을 수 있도록 지도해 주세요. 또 필기구를 잡은 뒤에 다시 바로 잡게 하는 것을 싫어하는 아이도 있으므로 필기구를 넘길 때 바르게 잡을 수 있도록 넘기는 방법도 연구할 필요가 있습니다.

　모방이 어느 정도 되는 아이의 경우는 "비가 쭉쭉"처럼 말하면서 반복하여 직선을 그리는 시범을 보이거나 "땡, 땡, 땡" 하며 펜으로 점을 그리는 시범을 보여주며 모방하게 하는 등, 반복 동작을 하도록 합니다. 게다가 아이가 선을 그리는 것이 되면 어른의 펜으로 아이 펜을 쫓아가며 쓰거나, 덧쓰거나 하면서 써진 선을 눈으로도 좇을 수 있도록 촉진시킵니다.

　또 어른이 아이가 흥미있어 하는 것을 쓰고, 그 일부분은 아이가 쓰도록 유도합니다. 예를 들어 아이가 좋아하는 캐릭터의 얼굴을 그리고, 눈 부분만 그리지 말고 아이에게 그리도록 하는 방법 등이 있습니다.

**프로그램** 낙서하기

### (1) 어른이 적는 것 보여주기

적는 것에 흥미를 가지는 것이 목적입니다. 어른이 종이에 펜으로 낙서를 하거나 글자나 그림을 그리거나 하는 것을 아이에 보여줍니다. 그때 아이가 흥미있어 하는 것(좋아하는 캐릭터의 그림, 글씨를 좋아하는 아이라면 글자나 숫자, 자동차를 좋아하는 아이는 자동차 그림이나 자동차 번호판 등)을 적으면 좋겠죠.

아이가 "○○를 적어주세요"라고 요구하게 되거나 자기도 쓰려고 하면 다음 스텝으로 넘어갑니다.

### (2) 아이에게 적게 하기

먼저 필기구를 가지고 움직이는 것을 목표로 합니다. 아이에게 종이와 필기구를 주고, 자유롭게 적게 합니다. 필기구는 처음에는 펜이나 크레용처럼 힘 조절하기 쉬운 것부터 시작하는 것이 좋습니다.

잘 잡지 못하는 아이에게는 뒤에서 손목을 지탱해줍니다. 필기구를 잡는 법은 한번 고정해버리면 나중에 수정할 때 시간이 오래 걸리고 아이가 부담을 느끼기 쉽기 때문에 낙서하기 단계부터 어느 정도 바르게 잡을 수 있도록 지도해 주세요. 또 필기구를 잡은 뒤에 다시 바로 잡게 하는 것을 싫어하는 아이도 있으므로 필기구를 넘길 때 바르게 잡을 수 있도록 넘기는 방법도 연구할 필요가 있습니다.

　모방이 어느 정도 되는 아이의 경우는 "비가 쭉쭉"처럼 말하면서 반복하여 직선을 그리는 시범을 보이거나 "땡, 땡, 땡" 하며 펜으로 점을 그리는 시범을 보여주며 모방하게 하는 등, 반복 동작을 하도록 합니다. 게다가 아이가 선을 그리는 것이 되면 어른의 펜으로 아이 펜을 쫓아가며 쓰거나, 덧쓰거나 하면서 써진 선을 눈으로도 좇을 수 있도록 촉진시킵니다.

　또 어른이 아이가 흥미있어 하는 것을 쓰고, 그 일부분은 아이가 쓰도록 유도합니다. 예를 들어 아이가 좋아하는 캐릭터의 얼굴을 그리고, 눈 부분만 그리지 말고 아이에게 그리도록 하는 방법 등이 있습니다.

인지·학습 스킬

# 덧쓰기

### • 목표
글자를 쓸 수 있도록 돕는 초기 단계의 과제입니다. 어른이 쓴 선이나 글씨 위에 덧쓸 수 있도록 연습합니다.

### • 유의사항
먼저 아이가 연필을 바르게 잡는지 체크해봅시다. 연필의 아래 쪽을 엄지, 검지 중지의 세 손가락으로 잡고, 새끼손가락과 손의 측면이 책상에 닿도록 할 것, 팔꿈치가 가볍게 옆구리에 붙어있는 것을 확인해 주세요. 또 몸이 책상으로부터 한주먹 정도 떨어져있는 위치가 쓰기 좋은 자세입니다.

먼저 라인마커 등으로 덧쓰게 할 선을 긋습니다. 두꺼운 선부터 시작해서 점차 가느다란 선도 덧쓸 수 있도록 연습합니다. 또 처음부터 선이 그어져 있는 교재보다는 아이가 보는 앞에서 견본처럼 선을 긋는 것이 시범이 되기 때문에 아이가 더 이해하기 쉽습니다.

**프로그램** 덧쓰기

### (1) 직선 덧쓰기

스티커를 붙이거나 동그라미 모양을 그려서 시작하는 점과 끝나는 점을 알기 쉽게 표시하고, 라인마커 등으로 덧쓸 선을 그어서 시범을 보입니다. 다음으로 아이에게 연필을 쥐게 하고, 시작점에 연필을 두도록 포인팅으로 지시하고, 선을 따라 쓰고 끝나는 점에서 멈추도록 가르칩니다.

쓰다가 재미있어서 끝나는 점에 맞춰 멈추지 못하는 경우가 있는데 사전에 손을 잡고 끝나는 점에서 멈출 수 있도록 도와줍니다.

위아래로 움직이면서 쓰는 것이 자연스러워지면 옆으로 움직이면서 쓰는 연습도 합니다.

### (2) 곡선 덧쓰기

직선 덧쓰기와 같이 시작점과 끝나는 점을 표시합니다. 넓은 곡선부

터 시작해서 서서히 좁은 곡선으로 바꿔갑니다. 처음에는 선을 두껍게 그어서 하고 익숙해지면 선을 얇게 하거나 시작점과 끝나는 점의 스티커를 없앱니다.

    곡선 덧쓰기가 가능해지면 '1', '2', '3'과 같은 1획, '4', '5'와 같은 2획의 숫자쓰기도 해봅니다. 2획은 시범을 보일 때 한 획씩 먼저 시범을 보이며 연습하고, 그 다음 단계로 2획을 한꺼번에 시범을 보이고 2획을 한 번에 쓸 수 있도록 합니다. 이렇게 한글쓰기로 확장해갈 수 있습니다.

|||| 인지·학습 스킬 ||||||||||||||||||||||||||||||||  ||||||||||||||||||||||||||||||||

# 따라 쓰기

• **목표**

견본과 비교하며 손목과 손의 힘을 조절해가며 글자를 쓸 수 있도록 합니다. 학교에서 칠판에 쓰여있는 것을 보고 따라 쓰기 위해서도 중요합니다.

• **유의사항**

덧쓰기를 완전히 할 수 있게 되면 시작합니다. 시선을 이동하는 방법도 스몰스텝으로 연습합시다. 처음에는 가까이에서 시작하고, 서서히 견본의 위치를 떨어트려서 멀리 있는 글자도 따라 쓸 수 있도록 지도합니다.

견본은 아이가 쓰는 종이의 왼쪽 옆에 놓는 것이 보기 쉽습니다. 아이가 오른손잡이인지 왼손잡이인지에 따라 구분해서 놓아줍니다.

**프로그램** 따라 쓰기

　스몰스텝을 이용하는 방법으로는 획수나 글자 수를 서서히 늘리는 것, 글자의 크기를 서서히 줄이는 것, 견본의 위치를 서서히 멀리하는 것을 들 수 있습니다. 이때, 글자 크기는 글자를 쓰는 칸을 점점 줄이는 방법으로 진행합니다. A4용지에 글자 칸을 인쇄한 것으로 시작해서 8칸이나 10칸으로 만들어진 공책으로 스텝업시켜나갑니다.

　또 견본의 위치에 대해서는 오른손잡이 아이의 경우는 용지의 왼쪽에 견본을 두고, 왼손잡이 아이의 경우는 오른쪽에 견본을 두는 것부터 시작해주세요.

　다음 스텝으로 용지의 바로 위에 견본을 놓고 연습합니다. 견본이 용지의 위에 있으면 시선을 위아래로 이동하게 돼서 견본이 옆에 있는 것보다 난이도가 조금 높아집니다.

　익숙해지면 조금씩 거리를 떨어트립니다. 화이트보드나 스케치북등에 글자를 써서 세우고, 그것을 아이 앞에 있는 종이나 공책에 따라 쓰게 합니다.

　견본을 제시할 때도 주의해야 할 점이 있습니다. 그 자리에서 한 획씩 따라 쓸 수 있도록 글자를 쓰는 시범을 보여주는 방법과, 단어를 전부 쓴 뒤에 견본으로 제시하는 방법은 각각 난이도가 다릅니다. 처음에는 한 획씩 쓰는 단계부터 시작해서 다음으로는 2획씩 쓰는 시범을 보여주는 등 아이의 페이스에 맞게 서서히 한꺼번에 쓸 수 있는 연습을 하는 것이 중요합니다.

또 그림카드, 글자카드의 매칭 과제를 잘하는 아이라면, 그림카드를 보여주고, 그에 대응하는 글자를 쓰게 하는 지도로 발전시킬 수 있습니다.

인지·학습 스킬　　42

# 애너그램(단어의 구성)

- **목표**
한 글자씩 기억해서 한글로 의미가 있는 단어를 만들고 말로서 학습하는 것입니다.

- **유의사항**
한글을 나열해서 단어를 만드는 것뿐 아니라, 포인팅하면서 한 글자씩 말하는 연습도 합니다. 글자 하나를 포인팅할 때 말하는 타이밍이 맞는 것이 중요합니다.
연습할 때는 아이가 좋아하는 분야의 단어를 사용합니다. 예를 들어 동물을 좋아하는 아이에게는 동물의 이름, 자동차를 좋아하는 아이에게는 자동차 종류의 이름을 사용해서 아이의 의욕을 높일 수 있도록 합니다. 특별히 좋아하는 것이 없으면 일상에서 자주 사용하는 것으로 골라서 시행합니다.

**프로그램** | **애너그램**

### (1) 그림과 글자를 견본으로 하는 애너그램

'의자'를 예로 들어보겠습니다. 의자 그림카드와 '의', '자'가 적힌 글자카드 각 두 장, 글자를 넣을 수 있는 틀을 두 개 준비합니다.

먼저 틀을 두 개 나열하고, 왼쪽에 견본이 될 수 있도록 카드를 틀 안에 넣습니다. 여기서는 그림카드 등의 매칭을 할 수 있는 것이 전제조건입니다.

견본에 있는 글자를 가리키며 "의", "자"라고 말하고, 오른쪽의 틀에 견본과 똑같이 '의', '자' 카드를 넣도록 지시합니다.

아이가 잘 이해하지 못할 경우에는 '의' 글자카드를 가리키며 촉구해줍니다. 그래도 어려워하는 경우에는 먼저 어른이 '의' 카드만 넣어주고, 아이에게 '자' 카드를 넣게 합니다.

카드는 반드시 순서대로 넣어주세요. 할 수 있게 되면 한 글자씩 포인팅하며 "의", "자"라고 같이 읽습니다. 스스로 '의', '자'를 틀에 넣는 것이 가능해지면 카드를 늘립니다.

### (2) 그림만을 견본으로 하는 애너그램

다음으로는 그림을 힌트로 할 수 있게 단어를 만듭니다. 의자 그림카드를 포인팅하며 "이게 뭐야?"라고 묻고, 아이가 "의자"라고 알고 있는지 먼저 확인합니다. 알고 있으면 "의자 만들어봐"라고 말합니다. 잘 모르겠으면 (1)에서처럼 '의'가 적힌 글자카드를 가리키며 촉구해줍니다.

이것도 처음에는 두 장의 카드로 시작하지만, 잘할 수 있게 되면 카드를 늘려갑니다.

### (3) 음성을 힌트로 하는 애너그램

그림만 견본으로 하는 것이 가능해지면, 다음에는 음성을 듣는 것만으로 단어를 만드는 것을 목표로 합니다. "의자 만들어봐"라고 말하고 아이가 글자카드를 맞춰서 넣게 합니다. 잘 모르겠으면 '의' 카드를 가리키며 촉구합니다.

### (4) 글자쓰기

글자를 정확히 고르는 것이 가능해지면 다음은 그것을 쓸 수 있도록 하는 것이 목표입니다. 따라 쓸 수 있는 것이 전제조건이므로 "따라 쓰기"(274페이지)를 참고해주세요. (1)~(3)과 같은 절차로 처음에는 글자의 견본을 보면서 씁니다. 서서히 혼자서도 쓸 수 있게 합니다.

|||||  인지·학습 스킬  ||||||||||||||||||||||||||  |||||||||||||||||||||||||||||||||||

# 단어와 한글 읽기

• **목표**
문장을 읽을 때 기초가 되는 단어와 단음 읽는 법을 마스터합니다.

• **유의사항**
이 프로그램에서는 기본적으로 음성모방을 할 수 있을 것, 물건을 보여주면 그 물건의 이름을 말할 수 있을 것, 그림카드(혹은 실물)와 특수문자나 상징과의 매칭이 가능할 것 등이 전제조건입니다. 아이가 흥미있어하는 캐릭터, 대상(지하철, 자동차, 공룡, 동물 등)이 있으면 그것부터 시작합시다.

## 프로그램  단어 읽기

### (1) 음성을 듣고 글자카드 집기

매칭과제로 도입합니다. 두음(단어의 첫소리)이 다른 짧은 단어를 세 개 정도 골라서 단어카드를 만들어둡니다. 처음에는 '사자', '자동차', '손' 등, 글자의 수가 다른 것이 변별하기 쉽습니다. 지시받은 카드를 집을 수 있게 되면 같은 글자수나 두음이 같은 단어(예를 들어 사자, 사과, 사탕)로 연습합니다.

### (2) 단어 읽기

아이가 흥미있어하는 물건의 이름을 카드에 적어서 "이거 뭐야?"라고 질문합니다. 읽을 수 있어도 통글자로 기억해서 읽는 것일 수도 있으므로 읽은 뒤에는 포인팅으로 한 음씩 짚어주면서 바르게 읽는지 확인합니다.

또 이해가 충분히 안됐을 때는 "자동차야"라고 뭐가 적혀있는지 말해주고 한 글자씩 포인팅하며 "자, 동, 차"라고 발음해줍니다. 아이도 직접 포인팅하며 반복적으로 읽게 하고 몇 번이고 연습합니다. 글자를 손가락으로 가리킬 때 글자를 읽는 눈과 손의 협응이 잘되는 것이 중요합니다.

또 과제를 하기 싫어서 저항하는 아이의 경우는 처음부터 글자카드로 읽는 연습을 하는 것이 아니라 그림카드에 단어가 쓰여있는 것으로 연습하면 아이가 부담이 덜합니다.

### (3) 한글 단음 읽기

단어를 잘 고르고, 잘 읽어도 한글의 한 글자 한 글자가 한 음 한 음과 매칭이 된다고 한정지을 수는 없습니다. (2)의 단어 읽기보다도 한 글자씩 한글을 읽는 것을 먼저 익힌 아이도 있을지 모릅니다. 하지만 여기서는 '자동차' 등의 단어카드를 제시했을 때 바르게 읽을 수는 있어도, 단독으로 '동'이라는 글자카드를 제시했을 때 '둥'이라고 읽어버리거나,

'아'라는 글자카드를 제시했을 때 '어'라고 읽는 경우를 가정하고 설명하겠습니다.

기본적으로는 단어를 제시하고 글자카드를 집어서 매칭하는 과제로 시작해서 글자카드를 보여주면 발음하게 하는 '표출'로 이행합니다. 먼저 비슷한 글자카드, 예를 들어 '아', '어', '이'의 단음 글자카드를 제시하고 음성으로 "이"라고 지시해서 적절한 카드를 선택하게 합니다. 이러한 연습을 한 뒤에 한 장씩 글자카드를 제시하면 읽게 합니다.

또 한글을 한 글자씩 작게 종이에 적어두고 '애너그램(277페이지 참조)' 연습과 조합해서 진행해도 좋습니다. 한글 버튼을 누르면 글자대로 소리가 나는 장난감을 활용하는 것도 하나의 방법입니다.

|||| 인지·학습 스킬

# 44

# 수 말하기, 수 세기

- **목표**

  수는 다양한 학습은 물론, 생활과도 밀접한 기본적인 개념입니다. 수 개념의 기초를 학습하고, 학습상황, 일상생활에서 수를 사용할 수 있게 되는 것이 목표입니다.

- **유의사항**

  숫자라는 개념을 익히기 위해서는 몇 가지 단계가 있습니다. 또 책상에서 학습하는 것이 이해하기 쉽지만, 책상에서 학습하는 것을 싫어하는 아이에게 계속 시행하면 아이가 학습 자체를 거부할 수도 있습니다. 싫어하는 아이에게는 일상생활에서 "○개 있구나.", "○개 가져다 줘" 등 자연스럽게 수를 익힐 수 있는 상황을 만들어 시행해봅시다.

**프로그램** 수 말하기, 세기

### (1) 수 학습의 전단계

수를 학습하기 전에, 아래에 내용을 할 수 있는지 확인합니다.
① 두 개 이상의 물건을 구별할 수 있다. (두 개의 물건을 제시했을 때, 둘 중에 좋아하는 것을 고를 수 있다.)
② 수량의 차이를 이해할 수 있다. (과자나 흥미 있는 물건으로 양이 많은 것을 선택한다.)
③ 동작모방, 음성모방을 할 수 있다. (어른의 동작이나 음성을 모방할 수 있다.)

### (2) 수 말하기

여기서 말하는 수 말하기는 "1, 2, 3…"이라고 수를 순서에 맞게 말로 말하는 것입니다. 1 다음은 2, 2 다음은 3처럼 순서를 이해할 수 있도록 합니다. 목욕할 때 10까지 같이 세어보거나 머리를 감으면서 세어보거나 하는 등, 일상생활에도 도입할 수 있습니다.

### (3) 수 세기 ①

수 말하기가 정착되면 수 말하기와 물건을 포인팅하는 것을 일치시키는 일대일 대응을 연습합니다. 수를 세면서 같은 간격으로 놓인 바둑알 같은 것을 포인팅합니다. 일치가 불안정하면 포인팅으로 하지 말고, 수를 말하면서 바둑알을 이동시켜보거나, 드럼 등의 악기를 두드려보는 등, 수 말하기와 함께 큰 동작을 같이 하는 방법이 더 익히기 쉽겠죠. 달걀판 안에 "1, 2…" 하고 세어가면서 바둑알을 넣어보는 것도 좋겠습니다.

수 말하기와 수 세기를 일치시킬 수 있게 되면 크기가 다른 단추 등 종류를 바꿔도 일치시켜가며 셀 수 있는지 확인해줍니다.

### (4) 수 세기 ②

수 말하기와 수 세기를 일치시키며 말할 수 있게 되면 "몇이야?"라는 질문에 "1, 2, 3"이라고 아이가 수를 세고 마지막 수를 말하며 대답할 수 있도록 연습합니다. "한 개, 두 개, 세 개…"라고 셀 수 있는 아이에게는 "몇 개야?"라고 질문하면 보다 자연스럽게 이야기할 수 있습니다.

여기서 아이들이 종종 어려워하는 것 중 하나는 "몇이야?"라고 질문 받은 뒤에 수를 다 세고 마지막 수를 말하며 대답하지 못하고 "1, 2, 3…"을 반복하며 말하는 것입니다. 이런 경우에는 마지막 수를 카드 등으로 시각적인 표시를 해주면 아이가 정답을 말하는 것을 촉진시켜줄 수 있습니다. 아이가 바르게 대답할 수 있는 단계에서 조금씩 촉구를 줄여갑니다.

### (5) 수 세기 ③

같은 간격으로 놓인 것을 셀 수 있게 되면 다음에는 따로따로 떨어져 있는 것을 다르게 정렬하며 세는 연습을 합니다.

단추나 구슬을 접시 위에 아무렇게나 놓고 "몇 개야?"라고 묻습니다. 바로 대답하지 못하면 한 줄, 혹은 다섯 개씩 묶어서 배열하는 등 재배열하며 수 말하기로 확인합니다.

### (6) 수 세기 ④

다음으로는 재배열이 되지 않는 것, 예를 들어 종이에 붙어있는 스티커 등을 세어봅니다. 종이 위에 무작위로 붙어 있는 스티커를 손가락으로 누르며 셉니다. 처음은 직선부터 시작하고 스티커의 위치를 조금씩 무작위로 바꿉니다. 또 코팅된 종이를 바탕으로 사용하면 스티커를 재활용할 수 있습니다.

인지·학습 스킬

# 수의 추출, 수 세는 방법, 서수

- **목표**

수 개념을 정착시키고, 일상생활에서 수를 세거나 학습 상황에서 사용할 수 있도록 하는 것입니다.

- **유의사항**

단조로운 상황에서 단조로운 재료를 가지고 반복해서 연습하면 그 학습을 싫어하게 되는 아이도 있습니다. 반면에 일상생활에 도입해서 진행하면 자연스럽게 흥미를 가지게 되는 아이도 있습니다. 아이의 성향에 맞춰 지도해주세요.

**프로그램** 수의 추출, 수 세는 방법, 서수

### (1) 추출

추출은 많은 물건 중에서 지정된 수만을 집어내는 것입니다. 예를 들어 접시에 있는 바둑알이나 단추 등을 열 개 넣어두고 "이 중에서 두 개 줘"라고 아이에게 지시를 합니다. 아이에 따라 '2'라고 써 있는 숫자카드 등, 시각적인 힌트를 같이 제시하면 더 이해하기 쉬울 수 있습니다.

같은 물건 중에서 수를 추출하는 것이 가능해지면 다음은 다른 물건

중에서 지정된 물건만을 세어가며 주는 연습을 합니다. 예를 들어 사과 세 개, 귤 두 개를 놓고 "사과는 몇 개야?"라고 묻습니다. 사과, 귤을 각각 셀 수 있게 되면 그때 "사과 두 개 줘"라고 종류와 수량을 지정해주고, 추출가능한지 확인해주세요.

### (2) 다양한 수 세기 방법

"방 안에 사람이 몇 명 있어?", "또 방에는 책상이 몇 개 있어?" 등 방 안의 물건의 수를 게임감각을 통해 세어봅니다. 답을 맞출 때는 수를 센 물건에 '1', '2', '3' 이라고 숫자를 적은 종이를 붙이고 "세 개 있었네"라고 말합니다.

처음에는 작은 물건부터 시작하고, 조금씩 큰 물건을 셀 수 있도록 합니다. 최종적으로는 "주차장에 자동차가 몇 대 있어?" 등 큰 물건을 세는 연습을 합니다.

수로 말하는 것이 안정되면 다음 스텝에서는 단위를 붙여서 세는 것을 연습합니다. 예를 들어 사람은 '명', 동물은 '마리', 자동차는 '대' 등 단위를 말하며 수를 셉니다. "접시를 다섯 장 줘", "숟가락을 두 개 꺼내줘"처럼 심부름을 시킬 때 의식적으로 도입하면 효과적입니다.

### (3) 서수

서수는 물건의 순서나 차례, 서열을 나타내는 수입니다. 예를 들어 키를 비교할 때 "형이 첫 번째, 내가 두 번째." 등 순번이 붙는 것입니다. 한 줄로 나열하고 순서를 학습하는 것도 가능합니다. 종이에 '1-아빠, 2-나, 3-엄마'라고 적고 "이 순서대로 앞에서부터 서보자"하며 연습하는 것도 하나의 방법입니다.

또 가위바위보로 순서를 정하는 것도 서수 학습에 이용할 수 있습니다. 예를 들어 둘이서 가위바위보를 하고, "누가 첫 번째야?"라고 질문해봅시다. 가위바위보 학습은 '가위바위보와 승패 이해'(210페이지 참조)를 참고해주세요.

가위바위보로 자신의 순위를 알 수 있게 되면 인형을 세 개 준비하고 "여우는 토끼를 이겼습니다. 토끼는 곰을 이겼습니다. 1위는 누구입니까?" 등 문제를 내는 것도 할 수 있습니다. 인형을 실제로 움직이면서 순위학습을 해봅시다.

인지·학습 스킬

# 돈 세기

- **목표**

동전의 종류를 이해하고, 돈을 세거나 필요한 동전만 고를 수 있는 것이 목표입니다.

- **유의사항**

돈 세는 방법을 시각적으로 이해시키면 진행하기 쉽습니다. 물건을 살 때나 용돈기입장을 관리할 때 필요한 기초가 되는 부분이므로 확실하게 익히는 것이 중요합니다.

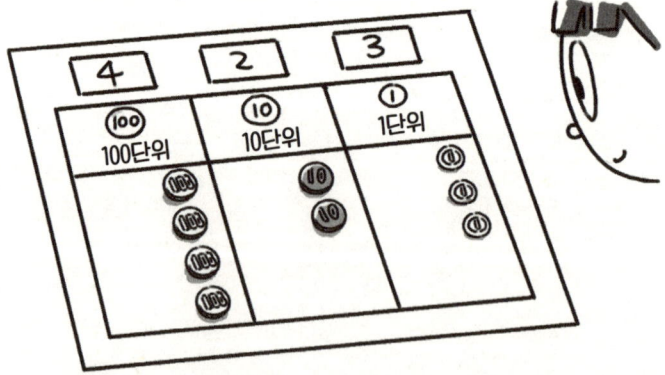

이 과제는 우리나라의 화폐 단위에 맞게 10원, 100원, 1,000원, 10,000원과 같이 동전과 지폐를 같이 구별할 수 있도록 지도하며 진행해 주세요. —옮긴이

**프로그램** **돈 세기**

**(1) 동전의 변별**

동전을 종류별로 나누는 것부터 시작합니다. 몇 가지 종류의 동전을 섞어 놓고, 그 중에서 같은 종류의 동전을 골라 모읍니다. 이 단계에서는 색이나 특징만으로 판단해도 좋습니다. 10원, 50원, 100원, 500원을 혼자서 변별할 수 있게 되면 다음 단계로 넘어갑니다.

**(2) 동전의 종류 말하기**

동전을 보고 얼마짜리 동전인지 변별하는 방법과 "○○원 줘"라고 지시하고 받는 방법이 있습니다. 어느 쪽부터 시작해도 상관없습니다. 아이가 더 쉽게 할 수 있는 것부터 연습합니다.

**(3) 돈 세기**

종이에 기록하며 학습합니다. 종이에 100단위, 10단위, 1단위로 칸을 나눠서 틀을 만들고 동전을 각 칸에 알맞게 놓도록 합니다. 센 동전의 개수를 각 칸의 위에 표기합니다. 이때, 단위와 숫자를 맞춰보게 하기 위해 처음에는 각 자리의 윗부분에 기입하도록 합니다. 올림을 해야 하는 경우도 생기기 때문에 1단위 동전의 수부터 기입해야 합니다. (그림 참조)

이 방법으로 잘 되면 금액을 다른 종이에 기입할 수 있도록 이행시켜 주세요. 또 서서히 종이의 칸을 줄입니다.

### (4) 돈의 추출

돈 세기를 연습할 때와 같은 종이를 사용합니다. 추출할 금액을 각 단위의 위쪽에 기입합니다. 각 단위에 대응하는 동전의 수를 틀 안에 놓습니다. 예를 들어 423엔의 경우, 100단위 자리에 100엔짜리 동전을 4개, 10단위 자리에 10엔짜리 동전을 2개, 1단위 자리에 1엔짜리 동전을 3개 올려놓는 식입니다(앞 페이지 그림 참조).

이 방법이 익숙해지면 추출할 금액을 다른 종이에 써두고, 그것을 보면서 그에 대응하는 칸 안에 동전을 놓도록 합니다. 서서히 종이에 그린 칸도 줄여갑니다.

### ABA를 실천해봤더니 ④

## 한 걸음씩 착실하게 힘이 붙도록

고치현 거주 하타나카 에리코 씨

저희 집은 매칭 연습을 할 때 컬러사진끼리 하는 매칭부터 시작했습니다. 아이가 좋아하고 이해하기 쉬운 과일 사진을 사용했습니다. 처음에는 선택한 카드를 손으로 건네는 것이 힘들었기 때문에 카드 뒷면에 붙였다 뗐다 할 수 있는 테이프를 붙이고, 제가 들고 있는 카드에 선택한 카드를 겹쳐 붙이도록 했습니다. 이 '붙이다'라는 동작이 손으로 건네는 전 단계가 될 뿐 아니라 카드를 주시하는 것에도 효과가 있었는지, 제 손을 잘 볼 수 있게 되었습니다.

계속해서 컬러사진과 흑백사진, 선으로만 그려진 그림의 매칭을 시행했습니다. 선으로만 그려진 그림은 사진카드의 3분의 1 크기여서 흥미를 가질 수 있도록 컬러로 된 그림 매칭부터 시작했습니다. 컬러로 된 그림 매칭을 틀리지 않고 할 수 있게 되었을 때 선만 있는 그림 매칭을 시작했더니 자연스럽게 이행되었습니다.

선만 있는 그림 매칭 다음에 글자 매칭을 시행했습니다. 아이의 혼란을 줄이기 위해 선택지를 서서히 늘리고, 비슷한 글자끼리 시작했습니다. 잘하게 된 후 2~4글자의 단어 매칭을 했습니다. 단어카드를 책상 위에 올려놓는 것보다 단어카드를 세워서 보여줄 때 더 잘 보는 것 같

인지·학습

았습니다. 세워서 보여주면 글자 수를 늘려도 아이가 자신 있게 매칭했습니다.

　단어의 오른쪽에 빈칸을 만들어서 그 칸에 한 글자씩 글씨를 나열하는 매칭도 했습니다. 흥미가 없었는지 처음에는 첫 글자를 올리기까지 시간이 걸리고 두 번째, 세 번째 글자도 이해하며 올리는지 알 수 없는 상태가 한동안 계속됐습니다. 지금까지 카드 위로 겹치는 매칭을 중점적으로 해서인지 옆으로 나열하는 것이 이해하기 힘들었던 것 같았습니다. 그래서 일단 멈추고, 옆으로 나열하는 식으로 스티커나 아이가 익숙한 숫자의 매칭을 시행했습니다. 이렇게 해서 옆으로도 같은 물건을 나열하는 동작을 이해할 수 있게 됐습니다. 지금은 이 상태에서 단어 구성의 매칭으로 다시 도전하려고 하는 중입니다.

ABA를 실천해봤더니 ⑤

## 아이가 이해할 수 있게 맞춰주는 지도가 중요

아이치현 거주 야나세 케이치로 씨

　우리 집에서는 요즘 수 개념을 학습하고 있습니다. 이 학습을 시작하기까지 제가 잘못 생각하는 부분이 있었습니다. '수를 셀 수 있다'와 '수의 개념을 이해하고 있다'가 같은 것이라고 생각했던 것입니다.

　우리 아이는 두 살 반 정도에 처음 발화하고 수를 세는 연습을 시작했습니다. 그 결과 20까지 수를 입으로 말할 수 있게 되고(역으로도 가능), 종이에 쓰여 있는 수를 읽는 것도 가능해졌습니다. 그래서 숫자에 관한 것은 어느 정도 이해하고 있구나 하고 안도하고 있었습니다. 하지만 막상 학습을 시작하니 그렇지 않은 현실이 기다리고 있었습니다.

　예를 들어, 구슬이나 작은 나무 블럭을 이용해 "○개 줘"라고 요구하면 두세 개까지는 어떻게든 주는데, 네 개 정도부터는 적당히 세면서 건네주는 식이었습니다.

　또 나무 블럭을 책상에 몇 개 올려놓고 세어보게 하면 또 두세 개만 정확하게 셀 수 있었습니다. 시각적으로 이해를 잘한다고 생각한 우리 아이는 나무 블럭이 책상위에 아무렇게나 놓여 있으면 정확하게 세는 것이 안됐습니다.

　지금껏 20까지의 숫자를 센 것은 머리로 이해해서 센 것이 아니라 복

싱의 텐카운트처럼 리듬으로 기억하고 있었거나 다른 사람의 음성모방에 불과했던 것이었죠.

그래서 지금은 구슬의 개수를 요구할 때는 한 개씩 천천히 세면서 손으로 건네는 연습을 하고 있습니다. 또 나무 블록도 책상 위에 일직선으로 놓고 손가락으로 한 개씩 가리키며(만지며) 수를 세는 연습을 하고, 잘되면 마음껏 강화해줍니다.

이 방법으로 지도하기 시작한 뒤로는 다섯 개 이상의 물건도 정확하게 셀 수 있게 되었습니다. 이번 일로 우리 아이의 이해 상태를 세심하게 관찰하고, 그에 맞는 적절한 지도를 스몰스텝으로 시행하는 것이 중요하다는 것을 다시 한 번 배웠습니다.

**글을 마치며**

## 가정에서 치료를
## 잘 진행하기 위한 조언

　　ABA는 치료나 교육이라는 틀에만 한정되는 것이 아닙니다. 개인 한 명 한 명, 그리고 가족이나 주변 사람이 행복해지기 위해 필요한 환경 요인이 무엇인지 탐구하고 돕기 위한 학문입니다. 이러한 넓은 범위의 학문을 책 한 권으로 다 설명하기는 힘든 일이고, 또 지면의 제약이 있어 소개하지 못한 프로그램도 많습니다. 진행하면서 부족함을 느끼거나 벽에 부딪힌다면 가까운 센터나 선생님의 도움을 받으시면 좋겠습니다.

　마지막으로 후기를 대신해서 보호자 분들이 집에서 치료를 잘할 수 있도록 저의 메시지를 전달해드리고 싶습니다.

- **무리하지 말 것, 즐겁게 진행할 것**

"머리로는 알고 있어도 아이에게 칭찬하는 것이 잘 안 돼요."
"제 노력이 다른 부모에 비해 부족한 걸까요?"
　이런 말을 종종 보호자로부터 듣습니다. 답답하고 힘든 마음에 하소연하는 것이겠지만, '글을 시작하며'에서도 말했듯이 가정에서의 치료는 조깅과 같은 것입니다. 꾸준히 조깅하기 위해서는 먼저 자신의 페이스를 알아야 합니다. 그리고 자신의 페이스대로 매일 꾸준히 해야 조깅 실력이 늘어나듯 학습 역시 마찬가지입니다.

본인이 피곤하면 아이를 칭찬해줄 여유가 없어집니다. 초조한 마음은 이해하지만, 너무 급하게 행동해서 자신의 페이스를 무너뜨리고, 결과적으로는 아이의 치료는커녕 본인의 몸까지 망가뜨리는 일이 생기지 않아야 할 것입니다.

일찍부터 치료를 시작하면 분명 효과가 좋습니다. 그러나 최근 뇌과학 연구 결과로는 성인이 되어서도 뇌가 계속 학습하고 발달한다고 합니다. 그런 의미에서라면 ABA와 같은 치료는 아이일 때 일정 기간 동안만 하고 끝내는 것이 아니라 어른이 되어서도 계속 이어가는 것이라고 할 수 있습니다. 자신의 페이스에 맞게 진행하는 것, 부모와 아이도 '웃는 얼굴'로 꾸준히 하는 것이 중요하다고 생각합니다.

ABA를 가정에서 실천하고 있는 보호자들과 상담하면서 굉장히 힘들어하면서 진행하는 사람이 많다는 것을 느꼈습니다. 서투르기만 한 아이를 열심히 가르치고 지도하는 과정이 일반인인 부모에게는 힘들다는 사실은 충분히 이해합니다. 그러나 가정에서 보내는 시간도, 치료도 모두 육아의 일부분입니다. 아이가 어리고 사랑스러운 시기는 금세 지나갑니다. 돌이켜보면 정말 즐겁고 소중한 시기입니다. 그러니 아이를 더욱 아끼고 즐겁게 지내는 것도 잊지 말아주세요.

어른의 양육 태도에도 '강화'가 필요합니다. 치료를 하면 할수록 아이가 성장하는 시기에는 아이의 성공이 부모의 강화제가 됩니다. 하지만 늘 순조롭게 발달하기만 하는 것은 아닙니다. 새로운 행동을 습득하는 단계에서 잘 하던 행동을 못하게 되거나 실패하는 경우도 있습니다. 치료의 벽에 부딪히는 일도 있을 겁니다.

본인이 열심히 하지 못하는데 다른 사람이 열심히 하는 것을 보면 괴로운 사람도 있을지 모릅니다. 부디 다른 사람과 비교하며 위축되어 있을지도 모릅니다. 자신을 소중히 여기세요. 조금 부족하더라도, 지쳐서 잠시 쉬더라도 괜찮습니다. 가정마다 환경이나 가치관은 다르기 마련입니다. 아무리 아이가 즐거워하더라도 보호자가 억지로 힘을 내다가 결국 지치면 길게 이어지지 못합니다. 결과적으로는 아이에게 도움이 되지 못하지요.

자신의 생활이나 육아에서 즐거움이나 가치를 찾아보세요. 당신은 결코 혼자가 아닙니다. 눈앞의 문제도, 걱정거리도, 언젠가는 해결됩니다.

그러기 위해서라도 가족이나 친구 중에서 가능한 한 이해해줄 사람을 많이 만드세요. 가까운 사람이지만 도저히 이해를 구하지 못하는 사람도 있겠죠. 하지만 그런 사람도 시간이 흐르면 당신의 생각을 이해해줄 것입니다. 누구라도 좋으니 '이야기할 수 있는 사람'을 만들 수 있도록 합시다.

가족끼리 가사나 치료의 역할을 분담하는 것도 하나의 방법입니다. 아빠는 교재를 만들고 엄마는 지도를 전담하거나, 그 반대여도 좋습니다. 경우에 따라서는 한쪽이 가정에서의 치료를 담당하고 파트너는 담당자가 쉬는 시간에 아이를 돌보는 식이어도 좋습니다. 제가 아는 중년 부부는 중학생까지는 엄마가, 고등학생부터는 아빠가 하는 식으로 역할

분담을 했습니다. 가족의 라이프스타일에 맞게 역할을 나누면 좋습니다. 도움을 주는 이모님이나 데이케어 등의 외부 복지기관을 활용하는 것도 고려해보세요.

- **동료를 만들고 지역정보를 알 것**

'장애를 수용하다'라는 말이 있습니다. 하지만 '수용'은 대체 뭘까요? 오랫동안 알고 지내는 보호자분과 이야기를 해봐도 '수용'에는 골(goal)은 없는 것처럼 느껴집니다. 장애와 관계없이 살아가도 고민이 사라지지 않는 것처럼 장애가 있는 아이의 육아도 끝이 없습니다.

고민이나 고통의 터널 속에 있는 동안에는 아이의 웃는 얼굴이나 잘한 것, 기쁜 일을 느끼기가 어렵습니다. 하지만 결국엔 느낄 수 있게 될 것입니다. 이 시점이 '수용'이라고 불리는 시기일지도 모르겠습니다. 또 고통에 빠져있을 때는 세상에 나 혼자인 듯 느껴지겠지만, 같은 입장의 동료가 있고 도와주려는 전문가도 있습니다.

부부끼리는 말 못하는, 또는 전문가에게 상담받기에는 꺼려지는 고민이나 감정도 같은 입장에 있는 동료라면 이야기할 수 있을지도 모릅니다. 선배 어머니들을 통해 생생한 정보를 얻거나 경험담을 들을 수 있을 것입니다.

일본자폐증협회에서는 부모 멘토를 육성하는 강좌를 해마다 열고 있습니다. 교육을 통해 육성된 부모 멘토는 다른 보호자에게 간단한 상담을 해주거나 지역 정보를 소개해줍니다.

장애가 있는 아이의 지원은 지자체에 따라 큰 차이가 있습니다. 현에 따라 치료수첩의 명칭이나 장애 기준이 다른 것 외에도 지자체에서 받을 수 있는 서비스에도 차이가 있습니다. 특별지원교육에 관한 대처에도 지역차가 큽니다.

실질적인 정보를 얻기 위해서는 발달장애지원센터 등 지역 기관에 물어보는 것도 필요하지만, 센터나 인터넷에서 동료를 만들거나 모임에 가입하는 것이 좋습니다. 구체적인 질문과 답변을 통해 아이가 안전하게 놀 수 있는 장소나 장애가 있는 아이에게 잘 대응해주는 의료기관이나 공공시설 정보를 얻을 수 있기 때문입니다.

가정에서 치료를 하면 아무리 보호자가 열심히 공부했더라도 "이걸로 충분한가?" 하는 의문이나 불안이 솟구치기 마련입니다. 이럴 때 가까운 곳에 조언을 구할 수 있는 전문가가 있다면 좋겠지요. 하지만 전문가도 다양합니다. 전문으로 하는 이론이나 방법론이 다를 수 있고, 보호자와도 안 맞는 부분이 있을지 모릅니다. 주변에 좋은 전문가가 있다면 가장 좋겠지만 그렇지 못할 때는 같은 처지의 동료들과 상담하는 것으로도 어느 정도의 문제는 해결될 것이라 생각됩니다.

제 연구실 홈페이지(http://www.masahiko-inoue.com/)에 ABA에 관한 정보나 학습 콘텐츠를 올리고 있으니 참고하기 바랍니다.

### 옮긴이의 글

## 중요한 것은 부모의 마음가짐, 부모와 아이 모두 즐겁게

현장에서 부모님과 상담을 하다보면, "센터에서 하듯이 집에서도 하고 싶은데 뭘 어떻게 해야 할지 모르겠어요", "우리 아이 식습관이나 자조기술을 어떻게 가르치면 좋을까요?", "ABA로 효과를 보려면 주 40시간은 해야 한다는데 비용이 너무 부담돼요" 등의 이야기를 많이 듣습니다. 지방에 사는 분들이 아이의 치료 때문에 수도권으로 이사를 하거나 어쩔 수 없이 아빠나 다른 형제와 떨어져 생활하는 경우도 많습니다. 직접 치료해주고 싶어 관련 서적을 열심히 찾아 읽는 부모도 많습니다. 그러나 많은 분들이 ABA 이론을 머리로는 이해하지만 실제로 아이에게 어떻게 적용하면 좋을지 망설이다가 결국 포기합니다.

센터에서도 하루에 몇 시간씩 집중적으로 하지 않는 이상 식습관이나 자조기술을 가르치는 것이 쉽지 않습니다. 이 책은 부모님이 직접 ABA 방식으로 아이를 치료하는 것을 목표로, 특히 중요한 생활·학습 과제 46가지를 가르칠 수 있게끔 만든 가이드북입니다. 일반인이 이해하기 쉽도록 ABA를 소개하고, 수많은 기법들 중에서도 가장 기본적이고 많이 쓰이는 것들 위주로 설명하고 있습니다.

　자폐스펙트럼장애아동은 매년 늘어나고 있다고 보고되고 있고, ABA가 가장 효과적인 치료법이라고 알려져 있습니다. 국내에 ABA 센터도 해마다 늘어나고 있지만, 아직도 많이 부족한 현실입니다. 그래서 직접 배워서 치료하겠다는 부모님이 많으시지만, 현실적으로 바로 적용하기 힘든 부분이 많습니다. 여러 원인이 있겠지만, ABA에 대해 아무것도 모르는 사람이 봐도 단번에 이해할 수 있고 실전에 적용할 수 있는 실용서가 부족한 것도 그 원인 중 하나가 아닐까 생각합니다. 그렇기에 이 책을 국내에 소개할 수 있게 되어 매우 기쁘게 생각합니다.

　이 책은 일상생활을 원활하게 할 수 있는 과제들을 집에서 길러줄 수 있는 방법을 담고 있습니다. 자폐스펙트럼장애가 있는 아이는 '자연스럽게 터득하겠지' 하는 부분들을 일일이 가르쳐줘야 합니다. 이왕에 가르쳐야 한다면 부모와 아이가 서로 스트레스 받지 않고 즐겁게 스몰스텝을 통해서 익힐 수 있다면 좋을 것입니다. 이 책은 ABA에 대해 잘 모르는 부모라도 '아, 나도 해볼 수 있겠구나'라는 생각이 들 정도로 쉽게 방법을 설명하고 있습니다.

　자폐아이들은 대부분 센터에서 배우고 익히는 것들을 다른 사람과도 할 수 있고, 다른 장소에서도 할 수 있고, 실생활에도 응용할 수 있는 '일반화'라는 것에 많은 어려움을 겪습니다. 이 일반화를 성취하기 위한 부모님의 역할은 아주 큽니다. 아이들이 가장 많이 생활하는 곳에서 가장 오랜 시간을 함께 보내는 부모님이 가정에서 ABA 방식을 적극적으로 활용한다면 '일반화'에 좋은 성과를 보일 것입니다.

먼저 치료하기에 앞서 숙지해야 할 이론 부분을 꼼꼼히 읽어보세요. 간략하고 이해하기 쉽게 설명되어 있지만 한 문장 한 문장 정말 중요한 내용입니다. 읽다가 ABA에 대해 더 궁금한 것이 생기면 이론 위주의 관련 서적을 보시면 더욱 좋겠습니다.

그리고 실제로 과제에 들어갈 때는 책에 있는 스몰스텝 프로그램을 기준으로, 아이의 수준에 맞춰 스텝을 늘리거나 줄여가면서 지도해주세요. 책에서도 반복해서 설명하지만, 자폐스펙트럼장애라고 해서 모두 같은 증상이나 특성을 보이는 것이 아니니까요. 개개인의 차이가 매우 크기 때문에 시작하기 전에 우리 아이의 특징을 잘 파악하는 것이 중요합니다. 프로그램을 계획할 때 반드시 아이의 수준을 기록하고 확인해가면서 조금씩 스텝을 높여야 합니다. 일상생활에 활용할 수 있는 과제들은 최대한 잊지 않도록 의식하면서 아이에게 자꾸 자극을 주는 것도 '일반화'를 정착시키는 데 큰 도움이 됩니다.

또한, 너무 많은 과제를 한꺼번에 진행하려고 하면 이도 저도 안 될 수 있습니다. 우선순위를 정해서 아이에게 가장 필요한 과제부터 차례대로 하나씩 하나씩 진행하시길 바랍니다. 어떤 것부터 해야 할지 모르겠다면 이 책의 목차를 참고하세요. 그때그때 아이에게 필요한 기술을 찾아 가르치기 전에 프로그램을 살펴보고 그것을 기준으로 우리 아이에게 맞는 맞춤 프로그램을 만들어주세요. 목표를 너무 높게 잡으면 부모와 아이가 모두 힘들 수 있기 때문에, 스몰스텝으로 단계들을 쪼개고 나눠서 아이가 거부감 없이 즐거운 마음으로 과제에 임할 수 있도록 해주세요.

이 모든 프로그램을 계획하는 데 있어서 책의 내용만 보고 정해서 하기보다는 먼저 전문가와 상담하고 전문가의 지도를 받으며 치료에 임해주실 것을 권합니다. 현재 우리나라에 ABA 센터가 수도권이나 각 지역의 큰 도시에만 조금씩 있는 상황이기에 아무래도 센터에서 직접 치료 받기란 쉬운 일이 아닐 것입니다. 하지만 온라인이나 전화상담으로도 행동분석전문가의 도움을 받을 수 있습니다. 책과 함께 전문가의 슈퍼비전을 받으면서 가정에서 치료하면 부모님도 '혹시 내가 책에서 말하는 것과 다르게 가르치고 있는 것은 아닌가?' 하는 불안감과 예상치 못한 아이의 돌발행동이나 문제행동에 대해 대처하실 수 있습니다.

집에서 직접 아이를 치료할 때 가장 중요한 것 중 하나는 부모님의 마음가짐이라고 생각합니다. 부모님이 조급한 마음으로 아이를 가르치려고 하면 아이에게도 긍정적인 영향을 미치기 어렵습니다. 아무리 ABA가 효과가 좋다고는 해도 아이가 하루아침에 달라지는 것이 아닙니다. 마라톤처럼 아이와 함께 호흡을 맞추는 것이 가장 중요합니다. 부모님이 먼저 긍정적인 마음으로 아이와 함께 치료하다보면 어느새 부모와 아이가 함께 즐거운 마음으로 과제에 임하며 같이 성장하고 있을 것입니다.

우리의 최종 목표는 우리 아이가 사회의 한 구성원으로서 자립하며 생활하는 것입니다. 우리 아이가 다른 사람들과 똑같이 되는 것을 목표로 하기보다는, 우리 아이의 특징을 고려하고, 우리 아이가 할 수 있는 수준에서 가장 최적화된 방법을 생각하여 프로그램을 계획하고 조금씩 단계를 높여가는 것이 중요합니다.

환경이 바뀌면 아이도 바뀔 수 있습니다. 항상 우리 아이에게 긍정적인 환경은 어떤 것일까 늘 고민하고 연구하는 자세로 임해주세요. 또한 아이가 온전한 한 사람으로 자립해서 생활할 수 있도록 언제나 격려와 칭찬과 응원을 듬뿍 해주시길 바랍니다.

민정윤(즐거운 ABA아동발달연구소 소장)

# 참고문헌

- 『자폐증에 대한 ABA 입문: 부모와 교사를 위한 가이드』(원제: Raising a Child with Autism) 시라 리치먼 지음(2003)
- 『자폐증 지원: 처음 담임하는 선생과 부모를 위한 특별지원교육』이노우에 마사히코, 이사와 신조우 지음(2007)
- 『응용행동분석으로 특별지원교육이 바뀐다』야마모토 준이치, 이케다 사토코 지음(2005)
- 『응용행동분석학 입문: 사람의 행동을 예측할 수 없는 이유』스기야마 나오코 지음(2005)
- 『자폐아이와 그림카드로 커뮤니케이션하기』(원제: A Picture's Worth: Pecs and Other Visual Communication Strategies in Autism) 앤디 본디, 로리 프로스트 지음(2006)
- 『보육교사를 위한 문제행동부터 해석하는 아이 지원 가이드』히라사와 노리코, 야마네 마사오, 기타큐슈시 보육교사회 편저(2005)
- 『엄마의 학습실: 발달장애아이를 키우는 사람을 위한 부모훈련프로그램』야마가미 토시코 감수(1998)
- 『발달장애가 있는 아이와 엄마, 선생을 위한 지원 스킬: 긍정적으로 하자!』무토 히로후미, 다카하타 쇼죠 지음(2006)
- 『부모와 교사를 위한 자폐증 아동의 행동분석입문』(원제: Teaching Developmentally Disabled Children: The Me Book) 이바 로바스 지음(1982)
- 『모두의 자립지원을 지향하는 쉬운 응용행동분석학』다카하타 쇼죠 지음(2006)

## ABA 주요 치료 지원단체·조직

**일본**
- NPO법인 쓰미키회 http://www.tsumiki.org/
- NPO법인 교육임상연구기구 나카요시키즈스테이션
  http://www.n-kids.net/
- 피라미드교육 컨설턴트 오브 재팬(주) http://www.pecs-japan.com/

**국내**
- ABA 부모회 http://abahome.org
- 한국행동분석학회 http://www.kaba.or.kr
- 한국응용행동분석전문가협회 http://www.bcba.co.kr/
- 피라미드 교육컨설턴트 코리아(PECS) http://www.pecs-korea.com
- 사단법인 한국자폐인사랑협회 http://www.autismkorea.kr

**자폐아이를 위한
생활학습과제 46**
**집에서 하는
ABA 치료
프로그램**

**초판 1쇄 발행** 2018년 5월 15일
**초판 9쇄 발행** 2023년 12월 10일

**지은이** 이노우에 마사히코
**옮긴이** 민정윤
**감수** 박미성
**펴낸이** 정용수

**편집장** 김민정
**디자인** 디자인민트
**영업·마케팅** 김상연 정경민
**제작** 김동명
**관리** 윤지연

**펴낸곳** ㈜예문아카이브
**출판등록** 2016년 8월 8일 제2016-000240호
**주소** 서울시 마포구 동교로18길 10 2층(서교동 465-4)
**문의전화** 02-2038-3372 **주문전화** 031-955-0550 **팩스** 031-955-0660
**이메일** archive.rights@gmail.com **홈페이지** ymarchive.com
**인스타그램** yeamoon.arv

한국어판 출판권 ⓒ ㈜예문아카이브, 2018
ISBN 979-11-87749-76-9 13370

㈜예문아카이브는 도서출판 예문사의 단행본 전문 출판 자회사입니다. 널리 이롭고 가치 있는 지식을 기록하겠습니다.
이 책의 한국어판 출판권은 신원에이전시를 통해 저작권자와 독점 계약한 ㈜예문아카이브에 있습니다.
저작권법에 따라 보호를 받는 저작물이므로 무단 전재와 복제를 금합니다.
이 책 내용의 전부 또는 일부를 이용하려면 반드시 저작권자와 ㈜예문아카이브의 서면 동의를 받아야 합니다.

• 책값은 뒤표지에 있습니다. 잘못 만들어진 책은 구입하신 곳에서 바꿔드립니다.